Goldmann Ratgeber

Joseph Hofstetter

So bewerbe ich mich richtig

Ein Ratgeber für alle Stellungssuchenden

Originalausgabe

Wilhelm Goldmann Verlag

Made in Germany · 5/85 · 11. Auflage

Umschlagentwurf: Atelier Adolf & Angelika Bachmann, München
Umschlagfoto: Four by Five, New York
Satz: Presse-Druck Augsburg
Druck: Elsnerdruck GmbH, Berlin
Verlagsnummer: 10549
Lektorat: Renate Richter/Cornelia Schmidt-Braul
Herstellung: Harry Heiß
ISBN 3-442-10549-8

INHALT

Vorwort 7

I. Grundformen der Stellensuche 9
1. Die Bewerbung auf Fremdanzeigen 9
2. Ich ergreife die Initiative 26
a) Ich bewerbe mich „ins Blaue" 26
b) Das eigene Inserat 28
c) Das Echo auf meine Anzeige 43
d) Ich sage ab 44
3. Vermittlung durch das Arbeitsamt 44
4. Die Bewerbung im eigenen Betrieb 48
5. Die „Beziehungen" 51
6. Lehrberufe – Anlernberufe – Vielseitigkeit 52
7. Berufsfortbildung als Planung für die Zukunft . . . 54
8. Berufswechsel 55

II. Die Bewerbung 57
1. Das Bewerbungsschreiben 59
a) Der äußere Rahmen 59
b) Inhalt 63
c) Stil 76
2. Der Lebenslauf 83
a) Der Lebenslauf in Stichworten (tabellarischer Lebenslauf) 84
b) Der ausführliche Lebenslauf 88
c) Das Lichtbild 91
3. Die Leistungsnachweise (Zeugnisse – Bescheinigungen – Arbeitsproben) . . . 93
4. Die Bewerbungsmappe 95
5. Die Bewerbung ohne Unterlagen (Kurzbewerbung) . . 97
6. „Bewerbung nur schriftlich an . . ." 99

III. Zwei Reaktionen auf Ihre Bewerbung 100

IV. Das Vorstellen 101
1. Die Vorbereitung 102
2. Das Vorstellungsgespräch 109

3. Eignungsprüfungen 116
4. Tests 117
5. Der Personalfragebogen 118
6. Handschriftproben 118

V. Die Entscheidung 119

VI. Das Bestätigungsschreiben 120

VII. Rechtliche Fragen 120
1. Die Kündigung 120
2. Freizeit zur Stellensuche 122
3. Der Urlaubsanspruch 122
4. Die Arbeitspapiere 122
5. Das Zeugnis 123
6. Die Vorstellungskosten 125
7. Der Arbeitsvertrag 125
8. Der Rücktritt vom Arbeitsvertrag 131
9. Bewerbungskosten bei der Lohn- und Einkommensteuer 131

Nachwort 132

Schlagwort-Register 133

VORWORT

Lieber Leser,

Sie wollen Ihre Stelle wechseln – warum?

> Sagt Ihnen die Tätigkeit, die Sie ausüben, nicht (mehr) zu? – Haben Sie eine Stelle mit zu wenig „Verantwortung“? – Haben Sie keine Aufstiegsmöglichkeiten? – Sind Sie mit Arbeit zu sehr überhäuft? – Ist die Firma, für die Sie arbeiten, „veraltet“?
>
> Haben Sie Schwierigkeiten mit Kollegen? Oder mit Ihrem Chef?
>
> Verdienen Sie zu wenig?
>
> Wollen oder müssen Sie Ihren Aufenthaltsort wechseln?
>
> Ist Ihr Arbeitsplatz verkehrsmäßig schlecht zu erreichen?
>
> Steht Ihr Arbeitgeber finanziell auf schwachen Füßen?
>
> Haben Sie etwa ein verlockendes Angebot bekommen? Eine vielversprechende Anzeige gelesen?
>
> Oder ist Ihnen gekündigt worden?

Das alles können gewichtige Gründe sein. Dennoch lohnen sich zu diesen Fragen einige weitere Überlegungen.

Warum hat man Ihnen noch kein verantwortungsvolleres Aufgabengebiet übertragen? Vielleicht sind Sie bisher zu bescheiden im Hintergrund geblieben, vielleicht hatten Sie selbst nicht genügend Auftrieb – trotz aller Kenntnisse und Erfahrungen, die Sie schon gesammelt haben. Sind grundsätzlich keine Aufstiegsmöglichkeiten in Ihrem Betrieb vorhanden? Oder haben Sie sich noch nicht richtig um einen Aufstieg bemüht? Reicht Ihr Können nicht aus? – Sie sind überlastet? Fragen Sie sich doch, warum das so ist! Haben Sie wirklich keinen, auch noch so geringen, Einfluß auf die Arbeitsmethoden?

Warum vertragen Sie sich nicht mit den Kollegen (oder warum vertragen sich diese nicht mit Ihnen)? – Was haben Sie gegen Ihren Chef (oder was hat er gegen Sie)? Er ist ungerecht, sagen Sie, geizig, verkalkt, herrisch, launisch, ein Tyrann – kurzum: ein Ekel! – Hand aufs Herz: Stimmt das tatsächlich? Ist Ihr Urteil objektiv? Und wie sieht der Chef Sie?

Warum verdienen Sie zu wenig? – Liegt es an der Stelle, die Sie bekleiden? Kann sie einfach nicht höher dotiert werden? Oder liegt es an Ihrer Arbeitsleistung? Können Sie in einer anderen Firma bei gleicher Tätigkeit mehr Geld nach Hause tragen?

Sind Ihre Gründe für einen Ortswechsel so gewichtig, daß sie auch den Stellenwechsel rechtfertigen?

Gibt es für Sie einen Arbeitsplatz, der leichter zu ereichen ist? Wissen Sie schon genau, wo Sie sich bewerben wollen?

Wissen Sie ganz sicher, daß es um „Ihre" Firma nicht gut bestellt ist? Falls ja – kann sich das nicht bald ändern? Können Sie nicht selbst mithelfen, einen besseren Zustand zu erreichen?

Ist das Angebot, das man Ihnen unterbreitet hat, wirklich so gut, wie es auf den ersten Blick ausgesehen hat? Haben Sie sich hierüber schon genau erkundigt? – Und was steht in der reizvollen Anzeige?

Sie merken schon, worauf ich hinaus will: Ist es wirklich ratsam, den Arbeitsplatz zu wechseln? Sind die Gründe, die für einen Wechsel sprechen, nicht aus der Welt zu schaffen? Möchten Sie nicht etwa den Weg des geringsten Widerstandes gehen?

Es lohnt sich, wenn Sie sich zunächst Klarheit darüber verschaffen, ob ein Verbleiben in der bisherigen Stelle nicht auf die Dauer günstiger ist. Ihre Entscheidung darf auf keinen Fall einer augenblicklichen Stimmung entspringen, sie muß wohlüberlegt sein. Schließlich sollen Sie ja nicht die Stellen wechseln wie Kleider oder Anzüge.

Bitte, verstehen Sie richtig: Ich will Sie durchaus nicht mit allen Mitteln überreden, in Ihrer bisherigen Firma zu bleiben – ein „Klimawechsel" kann sehr anregend und auch gewinnbringend sein. Dennoch möchte ich gerne wissen, was Sie in Ihrer jetzigen Firma schon unternommen haben, um Ihre Stelle, Ihr Gehalt, Ihren Lohn, Ihre Arbeitsbedingungen zu verbessern.

Es geht nicht an, einfach zu sagen: „Wenn mir etwas nicht paßt, gehe ich; Stellen gibt es genug." Vor einer solchen Entscheidung möchte ich Sie warnen und zugleich bewahren. Natürlich wollen Sie wissen, was Sie tun können, außer sich um eine andere Stelle zu bemühen. Ich will versuchen, Ihnen dies ganz kurz darzulegen:

Wenn Sie herausfinden, daß Sie von sich aus nichts verbessern können, was zugleich Ihre Stellung im Betrieb »aufmöbeln« würde, dann überdenken Sie einmal die Probleme der anderen, mit denen Sie täglich zu tun haben – auch die des Chefs! Spielen Sie selbst einmal den großen Manager und fragen Sie sich, wie Sie wohl handeln würden, falls Sie über die Firma zu bestimmen hätten. Treffen Sie eine wohlüberlegte Entscheidung!

I. Grundformen der Stellensuche

Sie haben sich entschieden, Sie kennen Ihr Ziel: die neue Firma. Jetzt gilt es, einen geeigneten Weg einzuschlagen.

Was bietet sich Ihnen an?

Sie bewerben sich auf Stellenangebote, die in einer Zeitung ausgeschrieben sind.

Sie versuchen, durch die Vermittlung des Arbeitsamtes eine Stelle zu bekommen.

Sie bewerben sich „ins Blaue hinein", etwa bei Firmen Ihrer Branche.

Sie lassen Ihre „Verbindungen" spielen.

Sie inserieren selbst in einer Zeitung.

(Daß Sie sich in Ihrer bisherigen Firma um eine andere Stelle bemühen könnten, wollen wir hier einmal ausschließen. Wir werden aber noch darauf zurückkommen.)

Sie erwarten jetzt vielleicht einen allgemeingültigen Rat, welcher Weg der richtige ist. Schon nach kurzem Überlegen werden Sie sich aber sagen müssen: Jeder dieser Wege kann zum Ziel führen. Für jeden dieser Wege wollen wir gemeinsam alles Wichtige überlegen; vielleicht müssen Sie mit mehreren Karten spielen. Ich hoffe, daß eine für Sie die Trumpfkarte sein wird.

1. Die Bewerbung auf Fremdanzeigen

Manager – Geschäftsführer – Chefsekretärin – Betriebswirt – Elektroinstallateur – Handelsvertreter – Direktionsassistent – Kontoristin – Lagerleiter – Personalchef – Programmierer – Speditionskaufmann – Buchhalterin – Dreher – Maschinenschlosser ... – die Berufe aufzuzählen, für die Bewerber gesucht werden, würde Seiten füllen. Es gibt heute kaum ein Aufgabengebiet, das Sie nicht im Stellenmarkt der Presse finden.

Vier Informationswege bieten sich vor allem an:

1. die Lokalpresse;
2. die überregionalen Tageszeitungen;

3. die Fachzeitschriften;
4. die „Anzeigenblätter“ (in Großstädten stadtviertelweise – oft kostenlos – verteilt).

Tageszeitungen mit sehr hohen Auflagen, die nicht nur an Ihrem Heimatort gelesen werden, bieten natürlich das umfangreichste Angebot an Stellenanzeigen und damit auch die beste Auswahl. Eine gut dotierte Stelle sollte Ihre Bedenken gegen einen längeren Anfahrtsweg zerstreuen. In sehr günstigen Fällen lohnt es sich, auch einen Wohnungswechsel in Betracht zu ziehen. In den Wochenendausgaben dieser Zeitungen halten sich oft die Seitenzahlen für redaktionellen Text und für Anzeigen die Waage. Über 50 Seiten Stellenangebote sind durchaus keine Seltenheit!

Das heißt natürlich nicht, daß Sie Ihre Suche auf solche Zeitungen beschränken sollen. Vielleicht finden Sie gerade im „Kleinkleckersdorfer Tagesboten“ das, was Sie suchen.

Gerade die Vielfalt von Anzeigen macht nicht selten die Wahl zur Qual – sei es, weil aus ihnen nicht klar ersichtlich ist, was eigentlich von uns verlangt wird, sei es, daß mehrere Anzeigen Sie zugleich ansprechen. Hier heißt es eine vernünftige *Aus*wahl zu treffen – nicht zuletzt gewissermaßen als „Richter in eigener Angelegenheit“.

Was kann ich eigentlich?

Sie kennen Ihren Werdegang; Sie wissen, was Sie gelernt haben, was Sie beherrschen und was Ihnen Schwierigkeiten bereitet. Sie wissen, welche Prüfungen Sie abgelegt haben und wie Sie beurteilt werden. Sie – und nur Sie – wissen, ob Sie eine ständige Aufwärtsentwicklung zu verzeichnen hatten oder ob es Lücken in Ihrem Berufsleben gegeben hat, Stillstand und Rückschlag.

Haben Sie einen Beruf erlernt, für den es ein sogenanntes „Berufsbild« gibt (d. h. eine Aufzählung der Eigenschaften, die Sie als Voraussetzung für die erfolgreiche Ausübung des Berufes nachweisen mußten, und der Tätigkeitsmerkmale, die in Ihrem Beruf verlangt werden können), dann haben Sie es verhältnismäßig einfach: Sind Sie Speditionskaufmann und sucht eine Spedition jemanden, der diesen Beruf ausübt, so können Sie sich bewerben. Zu beachten haben Sie dann nur noch Spezialkenntnisse, die vielleicht gefordert werden.

Eine Sekretärin, die bisher in einem Verlag gearbeitet hat, fragt, ob sie sich auch in einem Industriebetrieb bewerben kann. – Warum nicht? – Wenn aus der Anzeige hervorgeht, daß selbständiges Arbeiten im Vorzimmer bestimmten Branchenkenntnissen vorgezogen wird, so braucht sie keine Bedenken gegen eine Bewerbung zu haben.

Derjenige aber, dessen Berufsausbildung nicht so eindeutig auf ein klar abgegrenztes Arbeitsgebiet zugeschnitten ist, stößt nicht selten auf ziemliche Schwierigkeiten. Denken wir nur einmal an die vielseitige Verwendbarkeit eines Betriebswirts, eines Juristen, eines Bürokaufmanns. Andererseits gibt die Vielseitigkeit diesen Personen eine besonders große Zahl von Chancen an die Hand.

Gleichgültig, welchen Beruf Sie derzeit ausüben – Sie müssen sich darüber klar werden, wo Ihre Stärke liegt. Und dort, wo auf diese Wert gelegt wird, sollten Sie sich bewerben. *Kennen Sie Ihre Stärke eigentlich genau?* (Sie sehen, ein bißchen „Gewissenserforschung" tut gut – schon damit Sie sich nicht die Mühe von Bewerbungen machen, die doch überwiegend zum Scheitern verurteilt sein müssen.)

Was hilft Ihnen bei der Beurteilung Ihrer Person?

1. eine Menge Ehrlichkeit,
2. die objektive Beurteilung durch Vorgesetzte und durch Mitarbeiter,
3. Zeugnisse.

Seien Sie jedoch bei dieser Verhandlung, in der Sie gewissermaßen über sich selbst zu Gericht sitzen, nicht zu bescheiden. Sehr wesentlich ist nämlich die Frage: *Was hebt mich aus der Gruppe meiner Arbeitskollegen heraus?* Diesen Gesichtspunkt müssen Sie besonders herausstellen; denn Sie bieten dann das nicht Alltägliche. Ich wünsche Ihnen, daß Sie gerade damit der „gefragte Mann" oder die „gefragte Frau" sind. Ob Sprachkenntnisse, ob Spezialwissen, ob besondere Begabung auf einem Teilgebiet – Ihre positive Eigenart müssen Sie unbedingt in den Vordergrund stellen!

Sollten Sie bei Ihrer Selbstbegutachtung zu dem Ergebnis kommen, daß Sie keinerlei besonderes Wissen zu bieten haben, daß Sie bisher lediglich im Strom der Arbeitnehmer mitgeschwommen sind, dann wird es höchste Zeit, hiergegen etwas zu unternehmen!

Wie „klar" ist die Anzeige?

Erst wenn Sie gründlich über Ihr Können und über Ihre besondere Begabung nachgedacht haben, sollen Sie darangehen, die Anzeigen zu studieren. Sie haben richtig gesehen: zu „studieren", nicht nur zu „lesen". Oft verbirgt sich hinter den Wörtern ein versteckter Sinn.

Oft werden Anzeigen bewußt sehr allgemein gehalten, damit eine möglichst große Zahl von Bewerbern zur Auswahl steht. Andere Anzeigen sind gleichfalls wenig präzise und unklar, aber nicht bewußt, sondern weil sich der Inserent bei der Formulierung nicht genügend Mühe gegeben oder Gedanken gemacht hat. Die Bewerbungsbriefe häufen sich dann, und die Zahl derer, die von vornherein nicht in Frage kommen, übersteigt bei weitem das übliche Maß.

Sehen wir uns doch einmal auf dem Stellenmarkt einer großen Tageszeitung um:

EDV-Leiter

Wir beschäftigen z. Z. 2000 Mitarbeiter und gehören zu einer großen Unternehmensgruppe.

Die vielschichtigen Arbeitsgebiete eines Industrie-Betriebes wickeln wir über eine IBM 360/30 ab.

Diese Aufgaben verlangen von dem EDV-Leiter Aufgeschlossenheit gegenüber den Problemen der Fachbereiche.

Die Lösung der damit verbundenen Organisationsprobleme erfordert besondere Einsatzfreude.

Sie werden mit rund 20 Mitarbeitern weitgehend selbständig arbeiten können.

Ihr Wohnsitz wird im Großraum Stuttgart liegen.

Wir bitten um Ihre Bewerbungsunterlagen (handgeschriebener Lebenslauf, Zeugnisabschriften, Referenzen und Gehaltsvorstellungen) unter [redacted]

Vermerken Sie bitte, an wen Ihre Unterlagen ggf. nicht weitergeleitet werden sollen.

Auf diese Anzeige werden sicher kaum Bewerbungen eingehen, deren Absender von vornherein nicht für die ausgeschriebene Stelle geeignet sind.

Ganz genau wird gesagt, um welche Stelle es sich handelt. Der Leiter der Abteilung „Elektronische Datenverarbeitung" weiß, welche Kenntnisse er haben muß. (Dabei kann unter den Bewerbern sowohl jemand sein, der bisher schon als EDV-Leiter tätig war, als auch jemand, der es erst so weit bringen möchte und der wegen seiner umfangreichen Kenntnisse glaubt, dieser Aufgabe gewachsen zu sein.)

Präzise wird gesagt, welches System der Bewerber beherrschen muß, wie groß die Firma ist, in welcher Branche sie tätig ist, wieviele Mitarbeiter dieser Gruppe angehören und wo der Bewerber arbeiten wird.

Diese Anzeige ist nicht nur klar, sondern auch fair: sie sagt aus, was sich der Anbietende unter dem „neuen Mann" vorstellt, und sie gibt diesem die Gelegenheit, ohne allzuviel nachzudenken seine Entscheidung zu treffen.

Und was sagen Sie zu der folgenden Anzeige?

Sind Sie rundherum nett?

intelligent, tüchtig und gewandt, dann kommen Sie zu uns. Wir sind ein Team voller Aktivität. Wir suchen 2 Kolleginnen, die zu uns passen und die neben einer interessanten Tätigkeit besonderen Wert auf eine nette Atmosphäre legen. Wir bräuchten dringend

1 Sekretärin

die sehr flink in der Stenogrammaufnahme ist

1 Stenotypistin/Anfangssekretärin

für die techn. sowie kaufm. Abteilung für unsere Zentrale in München. Wir bieten Ihnen gutes Gehalt, ein modernes Büro, und Sie brauchen auch nicht mitten in der Nacht aufzustehen, um rechtzeitig an Ihrem Arbeitsplatz zu sein, denn wir fangen erst um 8.30 Uhr an.

Wenn Sie Lust an der Arbeit haben und weiterkommen wollen, bieten sich auch Aufstiegsmöglichkeiten an. Rufen Sie uns an, schreiben Sie uns oder kommen Sie auf einen Sprung vorbei.

Von einigen Formmängeln (warum „1" und „2" in Ziffern?), Verstößen gegen die Grammatik („bräuchten") und eigenartigen Ansichten über die Tätigkeit einer Sekretärin („sehr flink in der Stenogrammaufnahme") abgesehen, ist zu bemängeln, daß eigentlich gar nichts ausgesagt wird. Kommt es bei einer Sekretärin nur darauf an, daß sie „rundherum nett" ist? Was versteht der Inserent unter „intelligent, tüchtig und gewandt"? Wodurch unterscheiden sich die Sekretärin und die Stenotypistin/Anfangssekretärin, wenn schon die Sekretärin hauptsächlich stenografieren muß? Was haben die Bewerberinnen in den angebotenen Stellen zu tun? In welcher Branche werden die Bewerberinnen arbeiten? Das alles scheint recht gleichgültig zu sein; Hauptsache, die Damen sind eben „rundherum nett". (Man braucht sich nicht zu wundern, wenn sich auf dieses Inserat ein paar Modepuppen bewerben, für die die kleingedruckten Stenokenntnisse, die überdies bei einer Sekretärin selbstverständlich sind, herzlich nebensächliche Bedeutung haben.) Ist die Sekretärinnenstelle für eine Dame geeignet, die bisher als Stenotypistin beschäftigt war und die sich jetzt verbessern möchte? Ich wage es zu bezweifeln. Obwohl die Anzeige fast nichts klar herausstellt, eines dennoch: Eine „echte" Sekretärinnenstelle wird hier nicht geboten.

Wie wohltuend präzise wirkt dagegen der nächste Text:

Werbeassistentin

für unsere Buchverlage z. 1. 1. [redacted] od. später, für vielseitiges Arbeitsgebiet ges. Disposition von Anzeigen u. Beilagen, Organisation u. Durchführung aller Direktwerbeaktionen, selbständ. Erledigung der werblichen Korrespondenz, Verfassen von Prospekt- u. Anzeigentexten, Erstellung u. Überwachung der Werbepläne. Schreibmasch.-, Steno- u. drucktechn. Kenntn. erwünscht. Schriftl. od. telefon. Bewerbung an

Klar ist gesagt, welche Kenntnisse von der Bewerberin verlangt werden. Sie weiß, daß sie nicht Leiterin, sondern Assistentin sein wird; sie weiß, was sie zu tun hat, daß sie für Verlage zu arbeiten hat. Hierauf bewirbt sich nur eine Dame, die die geforderten Kenntnisse nachweisen kann (vielleicht hat sie noch nie Anzeigen selbst entworfen, aber das kann sie schnell erlernen).

Und wer, glauben Sie, wird sich auf das folgende Angebot melden?

Als rechte Hand

für unseren Chef suchen wir baldmögl. einen jüngeren, gewandten Vollkaufmann mit gutem Briefstil und einwandfreiem Leumund. Bei Bewährung Aufstieg zum Geschäftsführer möglich. Sagen Sie uns, was Sie verdienen wollen, wir sagen Ihnen, was Sie leisten müssen.

Bewerbungen bitten wir zu richten an:

Ehrlich gesagt: Ich weiß es nicht so recht. Wird sich ein „Vollkaufmann" auf dieses Inserat bewerben? Ein Vollkaufmann ist, wessen Gewerbebetrieb nach Art und Umfang einen in kaufmännischer Weise eingerichteten Gewerbebetrieb erfordert (kaufmännische Buchführung, Eintragung in das Handelsregister usw.). Da es der Firma offenbar besonders auf einen guten Briefstil ankommt, liegt der Verdacht nahe, daß man zunächst an einen Korrespondenten gedacht hat. Wie kann der aber Geschäftsführer werden? Und es wäre wichtig zu wissen, welche Geschäfte er gegebenenfalls zu führen hat, wie groß die Firma ist, auf welchen Gebieten sie tätig ist usw. Vermutlich sollen Bewerber angesprochen werden, die (irgendeine) kaufmännische Ausbildung hinter sich gebracht haben, die nicht zu alt sind, und der Geschäftsführer wird wohl noch in den Sternen stehen.

Ein bißchen zu leicht hat man es sich gemacht: Wir spielen noch ein wenig Verstecken; sag du erst einmal, was du verdienen willst, dann rücken wir mit Einzelheiten heraus.

Ob der „Hansdampf in allen Gassen" sich hierauf gefunden hat? Und wenn – ob er die Stelle angenommen hat und ob er mit seiner Tätigkeit zufrieden ist?

Sie sehen, man muß oft ein wenig zwischen den Zeilen lesen. Aus dem Text, aus der Aufmachung (siehe S. 20), aus der Klarheit und nicht zuletzt aus Realitätsbezogenheit und Wahrheitsgehalt einer Anzeige ist immerhin einiges zu ermitteln.

Die Größe der Anzeige

Wenn in einer einspaltigen Anzeige steht

Schriftsetzer ges.
Fa. Buch- u. Offsetdruck [redacted]
Mü. [redacted]
Telefon [redacted]

so ist dies durchaus angemessen; denn (ohne der Zunft der Schriftsetzer nahetreten zu wollen): 1000,– DM für ein Inserat wird hier wohl keine Firma ausgeben.

Wenn Sie aber in der nachstehenden Größenordnung zur Kenntnis nehmen:

Führungskraft

für unsere Organisation in [redacted] gesucht. Interessante und lukrative Aufgabe. Fahrzeug erforderlich. Akquisiteure, erfahrene Außendienstkräfte wollen sich unter [redacted] an [redacted] bewerben

so werden Sie sich mit Recht fragen, wer oder was da „geführt" werden soll. „Fahrzeug erforderlich" meint meist: Handelsvertreter.

Was sagen Sie dazu, daß die nächste (dreispaltige) Anzeige über 3000,– DM kostet (Seite 17)?

Eine andere Firma, ebenfalls von Weltruf, suchte in derselben Ausgabe einer namhaften Tageszeitung zum gleichen Preis einen Leiter der Aus- und Weiterbildung für alle Mitarbeiter. Er muß seinen Aufgabenbereich koordinierend für das gesamte Bundesgebiet betreuen und soll ein abgeschlossenes Studium als Diplomvolkswirt, Diplomkaufmann oder Diplompsychologe haben. Dafür dürfte der Preis weit eher angemessen sein!

Der Grund für die hohen Kosten, die man für die Einstellung von Kontoristinnen oder Schreibkräften auf sich nahm? – Ich kenne ihn nicht genau, aber ich glaube, die Firma war der Ansicht, sie könne es sich „einfach nicht leisten", eine „billigere" Anzeige in die Zeitung zu setzen. – Was sagten Sie soeben? – „500 Mark hätten es auch getan, dann hätte man einer Bewerberin im Monat fast 100 Mark mehr zahlen können." So sieht es auf den ersten Blick aus. Aber vergessen Sie bitte nicht: Gerade in Großbetrieben ist das Gehaltsgefüge ze-

[redacted]

Suchen Sie einen idealen Arbeitsplatz in Schwabing, Laim oder im Zentrum Münchens?

Als

Kontoristin

oder

Schreibkraft

haben Sie die Chance in einer Firma von Weltruf mit all Ihren Annehmlichkeiten wie:

- **40-Stunden-Woche**
- **flexible Arbeitszeit**
- **4 Wochen Urlaub**
- **Essens- und Fahrgeldzuschuß usw.**

mitzuarbeiten.

Bitte schicken Sie uns Ihre vollständigen Bewerbungsunterlagen; wir werden Ihnen sofort antworten.

mentiert, es erlaubt keinerlei Abweichung, und die Ausgaben für Löhne und Gehälter haben mit denen für Werbung (fast) nichts zu tun. Außerdem wird nicht nur eine einzige Arbeitskraft gesucht. (Dennoch kann ich nicht umhin, Ihre Bedenken zu teilen: Für übertrieben halte ich dieses Inserat allerdings.)

Die Größe einer Anzeige sagt uns in der Regel (wenn auch nur ungefähr), was dem Suchenden der Gesuchte etwa wert ist. Jedoch gibt es keinen Schlüssel, der uns zeigen würde, was wir verdienen können. Wohl aber ist leicht einzusehen, daß die angebotene Stelle und der Aufwand in einem gesunden Verhältnis stehen sollten.

Wer in einer überregionalen Tageszeitung in einer dreispaltigen Anzeige (für ca. 3000,– DM) Kontoristinnen sucht, übertreibt entweder, oder er denkt, hiermit eine größtmögliche Anzahl von Bewerbungen zu erhalten, oder – und das ist nicht von der Hand zu weisen – die Firma will auch für sich werben. „Seht, was wir brauchen, wie wir uns ausweiten, was wir ausgeben können. Wir sind doch jemand!“ (Das kann für die Firma oft genauso werbewirksam sein wie eine allgemeine Werbeanzeige, die alle Vorteile ihrer Erzeugnisse herausstellt.)

Wenn das Inserat, in dem ein Personalleiter gesucht wird, größer ist als das, in dem die Stelle eines Verkaufssachbearbeiters ausgeschrieben wird, so ist das selbstverständlich in Ordnung. Eine Anfangssekretärin, die sich auf eine kleine Anzeige bewirbt, kann unter Umständen 200,– DM mehr verdienen als eine andere, der eine fünfmal so große Anzeige ins Auge gesprungen ist.

Wir halten fest: *Man kann nur zum Teil aus der Größe der Anzeige auf das zu erwartende Gehalt schließen.* Auffallende Abweichungen von einer (recht unbestimmten) „Normalgröße“ sollen uns ein wenig zu denken geben. Das aber heißt noch lange nicht, daß wir solche Firmen von vornherein aus unseren Bewerbungsmaßnahmen ausschalten sollen.

Bewerbung trotz Unklarheiten?

Sie meinen, ich müßte der Ansicht sein, man sollte das nicht tun? – Eigentlich haben Sie recht.

Und dennoch: Irgend etwas könnte Sie so sehr fesseln, daß Sie sich trotz der Unklarheiten bewerben möchten. Sie wollen nur noch wissen, ob ... – Nun, das ist gar nicht so schlimm. Wir dürfen allerdings nicht von einem völlig unklaren Inserat ausgehen.

Nehmen wir einmal folgenden Fall: Die Anzeige spricht Sie an. Sie haben Erfahrungen auf den Spezialgebieten, die aufgeführt sind. Sie sind mit dem angebotenen Gehalt zufrieden. Die Firma arbeitet in der Branche, in der Sie seit zehn Jahren tätig sind. Es ist nur nicht klar, *wo* Sie arbeiten sollen. – Ein Ortswechsel kommt für Sie nicht in Frage, weil Sie erst vor einem Jahr ein schmuckes Haus erworben haben. Was tun? Bewerben und warten, was man Ihnen bei der Vorstellung sagt? Im Bewerbungsschreiben vermerken: „Für mich kommt nur eine Stelle in X in Frage“? Anrufen und sich erkundigen? Daß ich der dritten Möglichkeit den Vorzug gebe, liegt auf der Hand: Sie sparen sich alle weiteren Bewerbungsmühen, wenn Ihnen der Arbeitsort nicht entspricht. (Ob man aus diesem Ferngespräch aber Schlüsse auf übertriebene Seßhaftigkeit zieht? – Kaum, wenn Sie Ihren Grund offen darlegen.)

Oder: Alles an dem Inserat sagt Ihnen zu, aber es ist *nicht beziffert, was Sie verdienen können?* – „Über Geld reden wir später“, das hört man oft bei den verschiedensten Anlässen. So ist es auch auf dem Stellenmarkt. Wenn Sie ein paar Anzeigenseiten durchblättern, werden Sie nur sehr wenige Inserate finden, in denen klar gesagt ist: „Wir zahlen soundso viel DM.“ Es ist üblich, dies dem Vorstellungsgespräch zu überlassen. Der neue Chef hat fast immer recht genaue Ansichten darüber, was ihm der Bewerber wert ist. Sollte das gebotene Gehalt zu niedrig sein und sollten Sie sich nicht auf einen annehmbaren Betrag einigen können, dann haben Sie sich eben „umsonst“ beworben. Das aber darf Ihnen kein Kopfzerbrechen verursachen (siehe S. 43).

Die Chiffre-Anzeige

In einer Chiffre-Anzeige „verbirgt“ sich die Firma, die um Ihre Bewerbung bittet, hinter Ziffern und Buchstaben. Warum tut sie das?

Was auch immer die Gründe hierfür sein mögen – es ist nichts Anrüchiges an einem solchen Inserat. Warum sollte man z. B. den Branchenkonkurrenten (besonders bei höher dotierten Stellen) unbedingt auf die Nase binden, daß diese Position frei wird? Vielleicht handelt es sich auch um eine kleine Firma, die annimmt, auf diesem Weg mehr Bewerbungen zu erhalten. Vielleicht ist es aber auch bloße Gewohnheit.

Eines ermöglicht Ihnen die Chiffre-Anzeige natürlich nicht: sich jetzt schon über die neue Firma zu erkundigen. Sollten Sie aber die Einladung bekommen, sich vorzustellen, dann können Sie dies immer noch nachholen. (Wie Sie das tun können? Siehe S. 102.)

Offen gesagt: Eine Anzeige, in der der Suchende sich zu erkennen gibt, ist mir sympathischer – und Ihnen wahrscheinlich auch. Außerdem besteht nicht die Gefahr, daß Sie sich – ohne es zu wissen – bei der eigenen Firma bewerben, die diese Chiffre-Anzeige aufgegeben hat. Bei den meisten Zeitungen gibt es hiergegen leider kein Mittel, da die Anzeigenabteilungen jeden Brief, der eingeht, dem Abholer aushändigen. So können recht unangenehme Situationen entstehen.

Der Personalberater

Manche Firmen wählen heute einen anderen Weg. Sie beauftragen einen „Personalberater“, „Industrieberater“ (oder wie wir ihn nennen wollen) damit, die Anzeige aufzusetzen, die Bewerbungen entgegenzunehmen, geeignet erscheinende Personen auszuwählen und dem Auftraggeber vorzuschlagen. Wenn nun Psychologen oder Soziologen sich des Falles annehmen, so ist nichts dagegen einzuwenden. Dem Firmenchef wird die Arbeit erleichtert; Fachleute besorgen die wichtigste Vorarbeit, und die Zahl der Bewerber, die überhaupt in Frage kommen, wird von vornherein beschränkt. (Wir können im allgemeinen aus einer solchen Anzeige schließen, daß es sich nicht um eine sehr große Firma handelt; denn diese beschäftigt in der Regel selbst Fachleute zur Personalauswahl und Betreuung. Nur bei den „höchsten" Positionen könnte ich mir vorstellen, daß auch ein Großbetrieb diesen Weg beschreitet.)

Während die Anzeigenabteilungen von Zeitungen Ihnen meist nicht die Gewähr bieten, daß Ihre Bewerbung nicht an die eigene Firma weitergeleitet wird (die sich ja hinter der Chiffre verbergen könnte), haben Sie die Möglichkeit, eine Personalberatungsfirma in einem eigenen Anschreiben darum zu bitten, Ihre Bewerbung an bestimmte Firmen nicht auszuhändigen. Eine Garantie dafür, daß Ihnen dieser Wunsch erfüllt wird, haben Sie allerdings auch hier nur, wenn in der Anzeige ausdrücklich gesagt worden ist, Sie sollten vermerken, wem Ihre Bewerbung nicht übermittelt werden soll.

Was sagen Aufmachung und Stil der Anzeige?

Über die Größe der Anzeigen haben wir bereits gehört (siehe S. 16). Geschickte Aufmachung, ein gefälliges Äußeres, ein gutes „Bild", das uns sofort angenehm anspricht, beweisen uns, daß bei der Abfassung des Inserats jemand am Werk war, der von Gestaltung etwas versteht. Wenn Sie sich nicht gerade um eine Stelle in der Werbeabteilung dieser Firma bemühen, so braucht das Äußere der Anzeige auf Sie gar keine Auswirkung zu haben. Wir können nur sagen, daß man in diesem Betrieb etwas sehr Wichtiges erkannt hat: die Wirkung nach außen. Dort wird kaum nach veralteten Methoden gearbeitet werden.

Wenn Sie längere Zeit hindurch den Stellenmarkt studieren, so werden Sie auch stilistisch völlig verschiedene Texte zu lesen bekommen, Texte mit viel zu vielen Worten, andere in der Form von Schlagzeilen, die einen verbindlich und fast „charmant", andere knallhart. –

Ob dies ganz allgemein auf die Arbeitsweise in der Firma schließen läßt, sei dahingestellt. Sie müssen beachten, welche Stellen ausgeschrieben wurden. Eine kluge Geschäftsleitung faßt den Text einer Anzeige anders ab, wenn sie eine Chefsekretärin sucht, als wenn sie einen Vertriebsleiter oder einen Buchhalter einstellen will. Das bedeutet nicht, daß in irgendeinem „untergeordneten" Fall weniger Höflichkeit am Platze wäre, sondern vielmehr, daß aus Text und Stil der Anzeige schon hervorgehen *kann,* welche Arbeitsweise man von der neuen Kraft erwartet.

Spüren Sie den Wind, der bei den zwei folgenden Anzeigen aus ganz verschiedenen Richtungen weht?

Für unser elegantes City-Büro
mit kleinstem Arbeitsteam von Spitzenkräften suchen wir
erstklassige Sekretärin od. Sachbearbeiterin
— evtl. auch Halbtagskräfte —

Damenhafte Erscheinung, Charme und Niveau, zugleich auch Fleiß und Verhandlungsgeschick sind uns wichtiger als Branchenkenntnisse auf dem Bau- und Immobilien-Sektor.

Einer wirklichen Spitzenkraft — auch wenn sie noch sehr jung sein sollte — bieten wir eine interessante, abwechslungsreiche Tätigkeit
mit außergewöhnlichen Verdienstchancen.

Bitte rufen Sie unseren Beauftragten an (Telefon [redacted] oder schreiben Sie uns ein paar Zeilen unter [redacted]

Hier: „Elegant, City, Arbeitsteam, Spitzenkraft, erstklassig, damenhaft, Charme, Niveau, außergewöhnlich."

Wir suchen zum baldigen Eintritt

Sekretärin

für die Einkaufsabteilung.

Wir bieten gute Bezahlung, 13. Monatsgehalt, 5-Tage-Woche (40 Stunden), Essenszuschuß, gutes Betriebsklima, Dauerstellung.

Gefordert wird die perfekte Beherrschung von Steno und Schreibmaschine.

Unser Büro befindet sich nahe der Universität und ist mit sämtlichen Verkehrsmitteln leicht zu erreichen.

Bewerbungen, die selbstverständlich vertraulich behandelt werden, richten Sie bitte an

---

Dort: „Gute Bezahlung, Dauerstellung, gefordert wird ..., leicht zu erreichen, selbstverständlich vertraulich ..."

Wo Sie sich bewerben sollen, wenn Sie Sekretärin sind? – Das kann ich Ihnen leider nicht sagen, denn ich kenne Sie ja nicht. Sicher ist es hier auch eine Frage des Temperaments.

Manche Firmen allerdings haben einen festgefahrenen Stil, gleichgültig, welche Stelle neu zu besetzen ist. Das können Sie aber nur wissen, wenn Sie eine Reihe von Anzeigen dieser Firma entdeckt und aufmerksam gelesen haben. In diesem Falle wissen Sie: Diese Anzeige ist eine Visitenkarte der Firma; unter diesem oder einem ähnlichen Motto werde ich zu arbeiten haben.

Das „Lesen" der Anzeige

Besonders bedeutsam für eine erfolgreiche Bewerbung ist das „Lesen" der Anzeige. Sie müssen aus der Anzeige sachgerecht entnehmen können, was speziell für diese Stelle verlangt wird. Wir wollen uns das einmal näher ansehen:

Jüngerer Mitarbeiter gesucht – Wer ist „jünger"? Sie wissen, daß „älter" weniger alt als „alt" sein kann. So auch hier: Ein „jüngerer Mitarbeiter" braucht durchaus nicht blutjung zu sein, gerade der Lehrzeit entwachsen. Er soll nur ein (allerdings höchst unbestimmtes) „gewisses" Alter nicht überschritten haben. Wir müssen vom normalen Berufsweg ausgehen: Ein Industriekaufmann z. B. hat seine Ausbildung in der Regel mit etwa 19 Jahren beendet; hat er das Abitur, so kommen noch drei Jahre hinzu. „Langjährige Erfahrung" kann von ihm als jüngerem Mitarbeiter nicht verlangt werden; also dürfen wir annehmen, daß derjenige, der diese Stelle ausschreibt, sich ein Alter bis zu 25 Jahren vorstellt. Sucht eine Firma einen *jüngeren Diplomkaufmann*, so weiß sie, daß er die höhere Schule und ein Studium von 7 bis 8 Semestern absolviert haben muß. Er kann also erst mit 23 oder 24 Jahren ins Berufsleben eingetreten sein. Wen wird sie also als Bewerber erwarten? Ich denke, Personen zwischen 25 und 32 Jahren könnten sich unmittelbar angesprochen fühlen.

Erfahrener ... gesucht – Wann ist man „erfahren"? Natürlich gibt es immer wieder etwas, was man noch nicht weiß; selbst für einen Spezialisten besteht hier keine Ausnahme. Danach würde aber niemand diesem Erfordernis entsprechen. Zu eng dürfen wir also den Begriff „erfahren" nicht auslegen; ein paar Jahre Tätigkeit auf *dem* Arbeitsgebiet, für das die betreffende Stelle ausgeschrieben ist, sind jedoch schon nötig. Ein erfahrener Buchhalter muß wohl seit etwa 10 Jahren seinen Beruf ausüben; eine erfahrene Chefsekretärin dürfte kaum weniger als 28 bis 30 Jahre alt sein; ein versierter Steuerfachmann darf sich ruhig noch mit 50 und mehr Jahren bewerben. Wird die Stelle eines Personalleiters angeboten, wobei verlangt wird, Sie müßten viel Erfahrung im Personalwesen haben, so werden Sie mit 30 Jahren in den seltensten Fällen Erfolg haben, selbst wenn Sie schon seit Ihrem 18. Lebensjahr im Personalbüro arbeiten.

Sie sehen also, die Einzelfälle sind sehr verschieden gelagert; eine Regel zu nennen ist kaum möglich. Wichtig ist, daß Sie sich in Ihrem Beruf genau auskennen, damit Sie wissen, was in „Ihrer" Firma verlangt werden kann, und daß Sie sich weder unter- noch überschätzen. Wenn Sie Spezialwissen besitzen, so ist es durchaus möglich, die vorher genannten ungefähren Zeiten der „Erfahrung" zu unterschreiten. Seien Sie sich aber immer im klaren darüber, daß Sie voraussichtlich weniger Chancen haben werden, die Stelle zu erhalten, wenn sich zugleich genügend erfahrene Leute melden. Vielleicht aber bringt Ihnen gerade eine Portion Unbekümmertheit Erfolg. (Daß Sie sich dann um so mehr anstrengen müssen, den Anforderungen gerecht zu werden, brauche ich wohl nicht zu betonen.)

Wer ist „qualifiziert"? – Jemand, der sich aus dem Kreis der Mitarbeiter nicht nur durch langjährige Tätigkeit hervorhebt, sondern darüber hinaus schon mit besonderen Aufgaben betraut wurde, die man nicht jedem überlassen wollte, und diese Aufgaben auch zum Nutzen der Firma bewältigt hat.

Sprachkenntnisse erwünscht – Steht dieser Wortlaut in der Anzeige, so genügen in der Regel Schulkenntnisse. Sie dürfen allerdings nicht – völlig ohne weitere Übung – 20 Jahre zurückliegen!

Meist aber geben die Stellenangebote doch Genaueres an, so z.B.: „Englische Grundkenntnisse" – „gute Kenntnisse in Französisch in Wort und Schrift" – „Englisch perfekt vorausgesetzt" – „Sie müssen in der Lage sein, Briefe in einwandfreiem Italienisch zu verfassen". Seien Sie auch hier sich selbst gegenüber recht kritisch. Sind gute Kenntnisse verlangt, so müssen Sie einige Praxis in der betreffenden Sprache nachweisen können. „Perfekt" ist ein Wort, das in sich eine Übertreibung birgt. Wer ist z.B. in seiner *eigenen* Sprache „perfekt", also vollkommen? Meist stellt sich der neue Chef hierunter jemanden vor, der eine Fremdsprache sehr gut beherrscht, ohne unbedingt mit den letzten Feinheiten vertraut zu sein. Wann Sie Briefe in einer Fremdsprache einwandfrei schreiben können? Das wissen Sie erst, wenn Sie es bereits mit Erfolg getan haben. Nur dann sollten Sie sich in einem solchen Fall bewerben.

Verhandlungsgeschick – Von wem verlangt man diese Fähigkeit? Zunächst von Leuten, die mit Vertrieb oder Verkauf zu tun und Kunden zu betreuen haben; weiter von allen, die mit den verschiedensten Partnern Gespräche führen sollen, der eigenen Firma zum Nutzen, und von allen, die mit öffentlichen Stellen sprechen und korrespondieren müssen. Sagen Sie daher nicht leichthin: „Ach, das ist für mich eine Kleinigkeit, das bringe ich schon fertig", sondern denken Sie darüber nach, ob Sie das Geschick zum Verhandeln bereits irgendwo nachgewiesen haben. Vielleicht konnten Sie durch Ihre Argumente schon einen umfangreichen Auftrag (oder mehrere Aufträge) hereinholen. Vielleicht haben Sie ganz allgemein den Ruf eines angenehmen Gesprächspartners – aber nicht, weil man Sie so ohne weiteres von einer anderen Meinung überzeugen kann. Vielleicht hat man Ihnen schon des öfteren gesagt, daß Sie die Gabe hätten, anderen Ihre Meinung klarzumachen, so daß diese sie als richtig anerkannten. Wer kann sich also auf eine solche Anzeige bewerben? Wer schon mit Erfolg „verhandelt" hat, wer den Umgang mit Kunden und Geschäftspartnern gewöhnt ist; nicht aber, wer im Familienkreis als „guter Redner" angesehen wird, wer oft das große Wort führt (selbst wenn er nicht viel zu sagen hat)! – Manche Firmen bevorzugen das Wort *kontaktfreudig*. Es bedeutet im wesentlichen dasselbe, wenn auch der ursprüngliche Wortsinn nur die Freude am Kontakt, nicht aber auch den Erfolg enthält. Aber so genau nehmen es leider viele nicht mit der deutschen Sprache.

Gute Allgemeinbildung – Wo finden wir diese Forderung? Wieder vor allem an Bewerber, deren Aufgabe es sein wird, mit fremden Personen umzugehen, mit ihnen zu reden (nicht nur über einen Auftrag): Chefsekretärinnen, Direktionsassistenten, kaufmännische Leiter usw. – Was ist „Allgemeinbildung"? Auf den kürzesten Nenner gebracht, kann definiert werden: Grundlage ist umfangreiches Wissen, und zwar auf den verschiedensten Gebieten, die unser Leben beeinflussen. Vom bloßen Wissen, das wir z. B. durch das Lösen eines Kreuzworträtsels beweisen können, kommen wir durch *Denken* dazu, Zusammenhänge zu erfassen und das, was wir in uns aufgespeichert haben, nutzbringend anzuwenden. – Wundern Sie sich daher nicht, wenn Ihnen bei einem Vorstellungsgespräch Fragen vorgelegt werden, die mit der Firma nicht das geringste zu tun haben, wenn Sie plötzlich merken, daß Sie mitten in einer Diskussion über Kunst, Literatur, Technik, Weltraumfahrt oder Geschichte stecken. Dann heißt es Farbe bekennen.

Warum wird Allgemeinbildung verlangt? – Wer sie besitzt, wirft bei Unterhaltungen ein günstiges Licht nicht nur auf sich selbst, sondern auch auf seinen Chef, auf seine Firma. Verstehen Sie bitte recht: Es geht beileibe nicht darum, mit Einzelwissen prunken zu können, sondern vielseitiges Verstehen, verbindendes Denken und sachgerechtes Verwerten der gewonnenen Erkenntnisse prädestinieren Sie für eine gehobene Stelle.

... leiter gesucht – Wer kann „Leiter" werden, Personalleiter, Verkaufsleiter, kaufmännischer Leiter, technischer Leiter? Zwei Möglichkeiten bieten sich an: Einmal zielen solche Inserate auf Persönlichkeiten, die schon eine leitende Stelle innehaben und die einen neuen Wirkungskreis suchen, zum anderen besteht durchaus auch dann Aussicht auf einen Bewerbungserfolg, wenn der Bewerber Erfahrung auf dem gewünschten Fachgebiet besitzt und sein Berufsweg deutlich nach oben führt.

Mit Erfahrung allein ist es jedoch noch nicht getan. Wer *leiten* will, muß *führen* können. Die Grundsätze der Menschenführung und Menschenbehandlung müssen ihm vertraut sein. Sie müssen in der Vergangenheit Selbständigkeit bewiesen haben. Ihre bisherige Firma muß Ihnen Gelegenheit gegeben haben, sich hervorzutun. Vielleicht hat man Ihnen auch schon kleinere Führungsaufgaben übertragen? – Führungstechnik kann man lernen. Falls Sie sich aber bisher noch nie in dieser Richtung bewähren konnten, sollten Sie sich erst die Grundlagen aneignen, ehe Sie sich um eine leitende Stelle bemühen!

... dynamisch, einsatzfreudig, tatkräftig, verantwortungsbewußt ... – Beliebte Schlagwörter in Anzeigen! Sie verlangen bestimmte Charaktereigenschaften und bestimmte Arbeitsweisen. Ob Sie die einen besitzen und die anderen beherrschen? Nur nach einer gründlichen Gewissenserforschung können Sie diese Frage objektiv beantworten. Daß es sich bei solchen Ausschreibungen um nicht alltägliche Stellen handelt, müßte eigentlich klar sein. Dabei finden wir die Begriffe „dynamisch" und „verantwortungsbewußt" meist bei Angeboten für ausgesprochene Führungskräfte. („Einsatzfreudig" und „tatkräftig" dagegen soll nach dem Wunsch eines jeden Chefs wohl jeder Mitarbeiter sein.) Falls Sie überzeugt sind, diesen Voraussetzungen zu genügen, so stellen Sie sich also am besten schon jetzt darauf ein, daß die Position mehr verlangt als nur Mitarbeiten.

Organisatorische Fähigkeiten – für gehobene Stellen oft verlangt. Organisation hängt eng zusammen mit planmäßiger Gestaltung, mit Aufbau, Einrichtung, Gliederung. In der Praxis bedeutet das: Eine Persönlichkeit mit organisatorischen Fähigkeiten muß stets einen Überblick über das Firmen- und Branchengeschehen haben, sie muß daraus Schlüsse ziehen können, um das Beste für die Firma herauszuholen. Sie muß aufbauen können und fähig sein, den Arbeitsablauf einer Abteilung oder des ganzen Unternehmens vernünftig zu gestalten. Sie muß ständig neue Ideen haben und in vieler Hinsicht das „lebende Gedächtnis" der Firma sein. Viel verlangt? – Sicher; es stellen sich aber auch schöne Aufgaben für den, der eine entsprechende Position innehat. Fordert ein Inserat „organisatorische Fähigkeiten", so müssen Sie dafür handfeste Beweise aufführen können; Sie müssen bereits gestaltend tätig gewesen sein, d.h. maßgebenden Einfluß auf den Arbeitsfluß ausgeübt haben. Wenn nicht – dann besser Finger weg!

Was schließlich Begriffe wie

selbständiges Arbeiten

gute Umgangsformen

einwandfreier Leumund

fleißig und strebsam

bedeuten (und wie sie noch alle heißen mögen), brauche ich Ihnen nicht im einzelnen zu erklären. Prüfen Sie ehrlich, was Sie bisher getan haben, *wie* Sie es getan haben und ob Sie sich diese Prädikate selbst verleihen können. Überlegen Sie aber auch, inwiefern Sie noch an sich arbeiten können, um diesen Erfordernissen völlig zu entsprechen!

2. Ich ergreife die Initiative

a) Ich bewerbe mich „ins Blaue"

Mit den berühmten „Fahrten ins Blaue", bei denen eine Gesellschaft bis auf den Reiseleiter nicht weiß, wo der Omnibus schließlich haltmachen wird, wo es Kaffee geben wird, welche Überraschungen zu erwarten sind und was alles mit dem Fotoapparat wird festgehalten werden können, dürfen Sie dieses Kapitel jedoch nicht vergleichen. Es handelt sich hier vielmehr um eine gezielte Bewerbungsaktion, der ich diesen Titel gegeben habe. Ich setze zunächst voraus, daß Sie sich entschlossen haben, nicht auf eine Anzeige zu warten, die Ihnen vielleicht eine günstige Gelegenheit anbietet; andererseits, daß Sie nicht die Absicht haben, selbst in einer Zeitung oder in einer Zeitschrift zu inserieren. Statt dessen schießen sie jetzt Ihre Munition auf diejenigen Firmen ab, von denen Sie glauben, daß Ihnen dort die Stelle geboten wird, von der Sie träumen.

Grundbedingung hierfür ist, daß Sie ganz genau wissen, welche Stelle Sie einnehmen wollen. Dabei ist es gleichgültig, ob Sie eine Position anstreben, die Ihrer jetzigen gleichkommt, oder ob Sie sich nicht nur räumlich, sondern auch in der Arbeit verändern wollen. Sie kennen die Branche, in der Sie zu arbeiten gedenken, Sie haben etwas zu bieten, und nun gehen Sie auf Jagd:

Woher nehme ich die Adressen? – Wenn Sie die Firmen Ihres Geschäftszweiges überblicken, dann können Sie sich mühelos die Anschriften verschaffen: aus dem Telefonbuch, aus dem Adreßbuch, auch bei Adressenverlagen (z. B. wenn Sie in einer Bank oder Versicherung arbeiten wollen). Falls es sich aber um einen Tätigkeitsbereich handelt, der in Betrieben von ganz unterschiedlichem Aufbau und in den verschiedensten Branchen zu finden ist (ich denke hier beispielsweise an das Personal- oder Rechnungswesen, an Organisation und an juristische Abteilungen), so wird die Auswahl schwieriger, da die Möglichkeiten umfangreicher sind. Hier empfiehlt es sich, eine Auswahl zu treffen, etwa nach Größe und Bedeutung der Firma, nach den Zielen, nach der Organisation, nach dem Firmensitz und ähnlichem.

Diese Art der Bewerbung kommt vor allem für Personen in gehobenen Stellungen in Betracht, die recht genau wissen, wo sie gerne arbeiten würden. Liegt Ihnen eine Liste mit Firmennamen vor, so können Sie in den meisten Fällen schon jetzt Ihr Ja oder Nein dazu abgeben.

Sie brauchen übrigens nicht einen förmlichen Bewerbungsfeldzug zu veranstalten: Sie kennen eine bestimmte Firma durch Ihre bisherige Tätigkeit gut; eine Firma hat in Ihrer Branche einen besonders guten Ruf; Sie lesen in der Zeitung über Erweiterung, Sitzverlegung, Veränderungen in einer Firma. – Warum sollen Sie hier nicht die Initiative ergreifen und einmal auf gut Glück anfragen?

b) Das eigene Inserat

Auch wenn Sie selbst eine Anzeige aufgeben, rücken Sie aus Ihrer abwartenden Stellung heraus und gehen „zum Angriff über". Viele Stellensucher bevorzugen diesen Weg, weil sie der Ansicht sind, so in einer günstigeren Ausgangsposition zu sein.

Ist diese Meinung richtig? Überlegen Sie einmal, was es bedeutet, wenn eine Firma ein Stellenangebot ausschreibt. Sie benötigt Arbeitskräfte und wartet nun darauf, wer sich bewirbt. Sie hat die Auswahl. Sie steht in der Position des *Fragers:* „Wollen Sie bei mir arbeiten?" – Und wie ist es nun, wenn Sie selbst inserieren? Hier fragen *Sie:* „Wollt ihr mich haben?" Darin liegt doch ein ganz wesentlicher Unterschied. Dort müssen Sie mit einem Kreis von Mitbewerbern rechnen. Sie wissen nicht, wer außer Ihnen noch an die Firma schreibt, wie Ihre Bewerbung schon allein deshalb „ankommt". Hier aber haben Sie den ersten Schritt getan. Haben Sie Ihr Wissen und Können ins rechte Licht gerückt (darüber siehe S. 93) und flattern Ihnen nun Angebote ins Haus, so wissen Sie, daß Sie von vornherein nicht auf verlorenem Posten stehen. Ihre Anzeige wurde gelesen; man ist der Meinung, daß das, was Sie zu bieten haben, in den Arbeitskreis des Unternehmens paßt, daß Sie ein brauchbarer neuer Mitarbeiter sein könnten.

Sie fragen jetzt vielleicht: Worin liegt dann der Unterschied,

> ob mir eine Firma auf meine Bewerbung hin ihr grundsätzliches Interesse bekundet und mich einlädt, mich vorzustellen, oder
>
> ob mir eine Firma auf mein Inserat antwortet?

Die Eigenanzeige hilft Ihnen mehrfach:

> Einmal brauchen Sie nicht auf eine Reihe von Inseraten mit je einer vollständigen Bewerbung zu antworten – ohne zu wissen, was daraus wird;
> zum anderen erhalten Sie auf Ihr Inserat hin keine negativen Bescheide, sondern nur Zuschriften, deren Absender an Sie schon jetzt als neuen Mitarbeiter denken. Was es, psychologisch gesehen, bedeutet, keine Ablehnungen lesen zu müssen, können Sie sich sicher vorstellen.

Das bedeutet freilich nicht, daß Sie die neue Stelle schon in der Tasche haben. Aber Ihre Frage „Wollt Ihr mich haben?" ist grundsätzlich bejaht worden. Nun müssen Sie den vorteilhaften Eindruck, den Sie durch Ihre Anzeige erweckt haben, erhärten.

Sie ersparen sich also mit einer Eigenanzeige Enttäuschungen; Sie wissen, es schreiben Ihnen nur echte Interessenten, und darauf können Sie Ihr weiteres Vorgehen einstellen. Und die Chance, eine gute Stelle zu bekommen, ist größer, da Sie nicht erst aus einer unbekannten Anzahl von Mitbewerbern *zunächst* einmal ausgewählt werden.

Sie wissen, wo Sie die meisten Fremdanzeigen finden. Es ist nur natürlich, sich derselben Medien zu bedienen:

einer überregionalen Tageszeitung,

einer Fachzeitschrift,

eines Anzeigenblattes an Ihrem Wohnort.

Daß die dritte Möglichkeit Sie an Ihr Domizil, meist sogar (in Großstädten) an Ihr Stadtviertel bindet, ist zu bedenken.

Tageszeitungen enthalten in der Regel täglich Stellenanzeigen. Besonders hervorzuheben sind aber die Wochenendausgaben. In ihnen erreicht oder überschreitet oft der Inseratenteil an Seitenumfang den der redaktionellen Beiträge. Auch in den Mittwochausgaben findet sich eine große Zahl von Anzeigen. Vielleicht haben Sie nun Angst, Ihr Inserat könne in der Vielzahl anderer Angebote und Gesuche untergehen. Wenn Ihre Bewerbung auffällt, dann brauchen Sie diese Befürchtung nicht zu haben (siehe hierzu S. 35). Bei Berufen, für die die Kündigungsfrist von sechs Wochen zum Quartalsende gilt, erhöhen sich die Erfolgschancen einer Eigenanzeige vielleicht noch etwas, wenn ein solcher Termin heranrückt oder wenn er erst kurz vergangen ist (vgl. S. 120). Dennoch sind auch alle anderen Ausgaben wesentlich; denn Firmen suchen nicht immer so kurzfristig, und nicht immer kündigt jemand so kurzfristig, daß ein Betrieb genau zu diesen Zeiten den höchsten Bedarf an neuen Arbeitskräften hat. Die eigene Anzeige ist – im ganzen gesehen – weitgehend unabhängig von der Zeit, in der sie „am besten“ aufgegeben werden soll. Sie bieten ja etwas an und überlassen es der anderen Seite, sich zu überlegen, ob Sie ein willkommener Mitarbeiter wären.

In *Fachzeitschriften* sprechen Sie gezielt einen ganz bestimmten Berufs- und Wirtschaftskreis an, in den *Anzeigenblättern* (der Großstädte) vor allem Firmen in unmittelbarer Nähe Ihres Wohnsitzes. Da diese Organe in regelmäßiger Reihenfolge erscheinen, sind bestenfalls die schon genannten Kündigungstermine von besonderer Bedeutung. Im übrigen gilt auch hier: Wenn Sie etwas zu bieten haben, so sind Sie zeitlich weitgehend unabhängig.

Erinnern Sie sich an das, was ich Ihnen im ersten Kapitel über Inserate im Zusammenhang mit der Bewerbung auf Fremdanzeigen dargelegt habe? All das haben Sie nun selbst zu berücksichtigen, z. B.:

Was kann ich eigentlich?

Ist das Inserat klar abgefaßt?

Was sagt die Größe einer Anzeige?

Vorweg: Stellen*gesuche* sind in aller Regel Chiffre-Anzeigen!

Sprachliche und inhaltliche Prägnanz

Erfahrener Kaufmann

sucht verantwortungsvolle, leitende Position unter [redacted]

Eine denkbar schlechte Anzeige – das sei betont. Dieser Bewerber sucht eine „verantwortungsvolle, leitende Position". Wer wird sie ihm bieten? Doch nur, wer mehr über ihn erfährt!

Auf welchen Gebieten hat er seine Erfahrung erworben? Ist er Einzelhandels-, Großhandels-, Büro-, Versicherungs-, Außenhandels-, Industrie- oder Bankkaufmann?

Woher leitet er seinen Anspruch auf eine leitende Stelle ab?

Was hat er zu bieten?

Was qualifiziert ihn dazu, Verantwortung zu tragen?

All das bleibt bei dieser Anzeige unbeantwortet. Glauben Sie nicht auch, daß hier ein wenig „hochgestapelt" wurde? Ich fürchte, es haben ihm nur Kleinstbetriebe geschrieben, die *irgendeinen* Allroundmann suchten. Ich bezweifle, daß er das ist!

Sekretärin

22 J., verh., Abitur, französisch (Muttersprache), englisch in Wort und Schrift, gute Dänisch-Kenntnisse, perfekt in allen Sekretariatsarbeiten, sucht entsprechenden Posten zum 15. 1. [redacted] Angebote ab DM [redacted] unter [redacted]

Diese Bewerberin hebt sich mit ihrem Inserat vom „Erfahrenen Kaufmann" sehr positiv ab. Sie sagt genau, wer sie ist, was sie kann, wie alt sie ist und sogar, was sie verdienen möchte. Bestimmt erhält sie kaum Zuschriften, die nicht in die engere Wahl kommen. Sie ist Französin, hat offenbar Erfahrung im Sekretariat und Kenntnisse in zwei verschiedenen Sprachen (nur, wie es mit ihrem Deutsch steht, wird nicht erwähnt; daraus würde ich als Firmenchef schließen, daß sie hierin nicht ihre Stärke erblickt – oder hat sie es nur anzugeben vergessen?). Übrigens: Wenn Sie Fremdsprachenkenntnisse erwähnen, so sollten Sie diese so genau wie möglich angeben. Wenn Sie ein Zeugnis, wie etwa das „Lower Cambridge Certificate", besitzen, so lohnt es sich, das auch deutlich zu sagen. „Gute Kenntnisse" ist ein ziemlich relativer Begriff! Der Kreis derjenigen, die dieser Dame antworten werden, mag nicht besonders groß sein; aber sie wird ziemlich sicher kein Angebot erhalten, das sie auf den ersten Blick ablehnen müßte oder bei dem sie nicht wüßte, wie es zu beurteilen ist.

Kaufm. Führungskraft

Schwergewicht: Rechnungswesen, Vertrieb und Planung. Dr. jur., dreijährige Lehre in Großbank, seit zwei Jahren in Wirtschaftsprüfungsges. tätig, sehr gute engl. und franz. Sprachkenntnisse, sucht verantwortungsvolle Position. Angebote erbeten unter [redacted]

Auch aus diesem Inserat kann ein Interessent das Wesentliche entnehmen: Spezialkenntnisse, Ausbildung (Dr. jur.), bisherige Tätigkeit. Typisch für diese Annonce wie für viele andere Anzeigen ist, daß eine „verantwortungsvolle Position" angestrebt wird, der Bewerber aber kein näheres Aufgabengebiet nennt. Aufgrund seines vielseitigen Wissens glaubt er offenbar, rasch jeder Materie gewachsen zu sein (ob diese Meinung sich bewahrheitet hat, wird sich inzwischen herausgestellt haben).

Angabe des Alters?

Gründe dafür, daß jemand sein Alter nicht kundtun will, sind vor allem: Der Bewerber glaubt, zu jung zu sein, oder der Bewerber glaubt, zu alt zu sein.

Sehen wir uns noch einmal die letzte Anzeige an: Herr X ist

Dr. jur. Er hat also nach dem Abitur studiert (mindestens 7 Semester, wahrscheinlich mehr), er hat eine dreijährige Lehre absolviert, er nennt drei Hauptgebiete seiner besonderen Erfahrung und sagt, daß er seit Jahren in einer Wirtschaftsgesellschaft arbeitet (warum er das abgekürzt hat, will nicht recht einleuchten). Seine Sprachkenntnisse können auch nicht von heute auf morgen zustandegekommen sein. Eine Firma, die ihm antwortet, erwartet wohl kaum einen fünfundzwanzigjährigen Bewerber. – Rechnen wir kurz nach: (Abitur mit 19 Jahren, Ende des Studiums mit 23 Jahren, Promotion mit 24 Jahren, drei Jahre Banklehre, abgeschlossen mit 27 Jahren, dazu Erfahrung – er kann zwischen dreißig und fünfzig sein, vielleicht sogar darüber. Falls seine Angaben für eine Firma „interessant“ sind, wird sie Dr. X sicher auch trotz des Fehlens von Altersangaben einladen, sich vorzustellen.)

Was ist wahrscheinlicher – ist Dr. X dreißig oder fünfzig? Wir wissen es nicht! Für dreißig klingt die Bezeichnung „Führungskraft“ schon recht anspruchsvoll, ein „älteres Semester“ wird sich dahinter eher verbergen. Warum Dr. X sein Alter nicht genannt hat? – Vielleicht glaubt er, schon zu alt zu sein?

Eines steht fest: Ältere Arbeitnehmer haben es heute recht schwer, Stellen zu finden, die ihrem Können angemessen sind. So ist es nur zu verständlich, wenn sie ihr Alter nicht angeben. Zu viele Firmenchefs wollen lieber jüngere Mitarbeiter engagieren. Und da hofft der Ältere eben, bei seinem Vorstellungsgespräch die fehlende Jugendlichkeit ausgleichen zu können.

Überdies hängt der Eindruck, den ein Bewerber bei der Vorstellung hinterläßt, gerade bei einem Bewerber um eine leitende Stelle weniger von seinem Alter nach dem Geburtsschein als vielmehr von seiner Vitalität, seiner Einsatzbereitschaft und seinem Auftreten ab. Ich glaube, unser Bewerber Dr. X hat recht diplomatisch gehandelt: Wenn das Gesicht seiner Anzeige nicht trügt, wird sein Alter keine allzu große Rolle spielen.

Ich erinnere mich an eine 21jährige Dame. Sie war als Zweitsekretärin in der Personalabteilung eines großen Konzerns tätig. Soeben hatte sie mit gutem Erfolg ein Sekretärinnendiplom erworben. Nun suchte sie (die Gründe seien dahingestellt) eine neue Stelle. Sie wußte nicht so recht, ob sie ihr Alter angeben sollte, und schrieb daher in ihrer Anzeige: „Sekretärin mit Diplom sucht neuen Wirkungskreis.“ Sie erhielt 40 Zuschriften. Der Chef, der sie einstellte, hatte ihr Inserat gut gefunden, aber zunächst an eine etwa 28- bis 30jährige Dame gedacht. Doch bei der Vorstellung hinterließ sie einen so versierten Eindruck (den sie anschließend auch in der Arbeit bestätigte), daß sie die Stelle bekam.

Beschränkung des Wohnsitzes auf einen Ort?

Ob für Sie ein Wohnungswechsel überhaupt in Frage kommen kann, müssen Sie selbst entscheiden. Die überregionalen Tageszeitungen werden natürlich auch von Firmenchefs gelesen, die ihren Sitz an einem anderen Ort haben. Wenn Sie sich in Ihrem Inserat von vornherein auf einen bestimmten Ort beschränken, so können Sie sich unter Umständen selbst einer besonderen Chance berauben. Erhalten Sie eine Aufforderung, sich zu bewerben, aus einer anderen Stadt, so haben Sie immer noch Zeit, sich zu überlegen, ob eine örtliche Veränderung nicht doch sehr vorteilhaft wäre. Eine Bemerkung über die Region, in der Sie arbeiten wollen, sollten Sie also in der Eigenanzeige weglassen.

Keine Selbstverständlichkeiten anpreisen!

Sekretärin

26 J. perf. in Steno u. Schreibm. zuverl. u. verantwortungsfreudig, 9 J. Berufserf. in Verlag, Werbung, Media, Film- u. Fernsehprod. zum 1. 1. od. 1. 2. [redacted] frei. Ang. erbeten [redacted]

Daß eine Sekretärin „perfekt in Steno und Schreibmaschine" ist (warum hat sie nur so wenig Geld, daß sie Platz durch Abkürzungen sparen will?), sollte allgemein bekannt sein. Diese Dame erweckt den Eindruck, als seien diese beiden Fächer ihre Hauptaufgaben gewesen, zudem, daß sie glaubt, dafür auch am geeignetsten zu sein. Was ist sie dann aber? Vielleicht eine gute Stenotypistin! Ob sie sonst noch etwas kann? Sie hätte dies unbedingt in der Anzeige – für 10 oder 20 Mark mehr – ausdrücken sollen!

Sekretärin/Kontoristin

35 J. sucht z. 1. 4. [redacted] selbst. Tätigkeit als Sachbearbeiterin. Jetziges Gehalt [redacted] Ang. unt. [redacted]

Diese Bewerberin weiß offenbar selbst nicht, was sie ist, eine Sekretärin oder eine Kontoristin. Wie kann man nur zwei so grundverschiedene Tätigkeiten durcheinanderwerfen? – Das Schönste:

Jetzt sucht sie gar noch eine Stelle als Sachbearbeiterin. Ich frage mich nur, wer ihr bisher das Gehalt gezahlt hat. Welches Gebiet will sie denn in Zukunft bearbeiten? – Sie sagt es nicht! Ich gebe ihr wenig Chancen für eine gute neue Stelle.

> **Karosserie-Meister**
>
> **35 J. alt, 6 Jahre im Pkw-Rep.-Geschäft tätig, gibt seinen Betrieb auf und sucht entsprechende Tätigkeit in größ. Betrieb, Raum München. [redacted]**

Hier wiederum wird genauer gesagt, was der Bewerber ist und was er will. Er scheut sich nicht darzulegen, daß er seinen Betrieb aufgibt. Welche größere Firma, die gerade Bedarf hat, würde ihm nicht gerne Gelegenheit geben, sich zu bewähren? Zudem ist ganz deutlich eine Firma angesprochen, in der nicht nur wenige Personen arbeiten. Das Alter ist genannt, und der Karosseriemeister sagt auch deutlich, welche spezielle Tätigkeit er bisher ausgeübt hat.

Das führt uns zum nächsten Thema:

Die Schlagzeile

Wenn Sie wollen, daß Ihr Inserat nicht übersehen wird, so muß es möglichst auffallen. Das ist nicht allein durch Übergröße zu erreichen, sondern auch durch geschickte Wahl der hervorgehobenen Zeile, des „Aufhängers". Mein Rat: Sagen Sie deutlich, was Sie sind und wer Sie sind, dann werden Sie weniger Angebote erhalten, die kaum dem angemessen sind, was Sie erwarten.

Über die Größe und Anordnung Ihres Inserats werden wir noch sprechen (siehe S. 38). Eines soll jetzt schon herausgestellt werden: Durch Fettdruck zwingen Sie den Suchenden, das zu lesen, was Ihnen am wichtigsten erscheint.

Was ist nun das Wichtigste? – Wir müssen drei Gruppen unterscheiden:

Haben Sie einen Beruf erlernt, der ein eindeutiges „Berufsbild" hat (oder üben Sie ihn seit einiger Zeit aus), so daß sich jeder Unternehmer etwas Genaues vorstellen kann, so müssen Sie diese Bezeichnung als Schlagzeile wählen. Das gilt z. B. für Kraftfahrzeugmechaniker, Maschinenbautechniker, Starkstromtechniker, Einzelhandelskaufleute, Buchhalter, Versicherungskaufleute.

Haben Sie eine Ausbildung, die eine vielseitige Verwendung ermöglicht, so müssen Sie das Gebiet herausstellen, das Ihnen am Herzen liegt, das Sie am besten beherrschen und das Sie weiterhin ausüben wollen.

Wollen Sie Ihren Beruf wechseln, so müssen Sie zuerst sagen, *als was* Sie arbeiten wollen. Alles andere können Sie kleiner drucken lassen oder vielleicht später im Bewerbungsschreiben anführen.

Hierzu einige Beispiele:

Op.-Schwester

sucht neuen Wirkungskreis in mittlerem oder privatem Krankenhaus, wo Aufstiegsmöglichkeit gegeben. Angebot unter [redacted]

Die „Op.-Schwester" weiß genau, daß sie eine Stelle auf ihrem ureigenen Fachgebiet suchen muß. Sie will auch nichts anderes tun als das, was sie bisher ausgeübt hat. Daß sie dazu noch angibt, wo sie beschäftigt sein will und was sie sich von der zukünftigen Stelle erwartet, ist ein weiteres positives Merkmal dieser Anzeige.

Erfolgsgewohnte Allroundkraft
Maschinenbauing., versiert in Konstruktion, Planung, Organisation und Werbung, möchte für westdeutsches Unternehmen im Raum Wien tätig sein. Unter [redacted]

Warum hat unser Maschinenbauingenieur als Schlagzeile gewählt: „Erfolgsgewohnte Allroundkraft" und nicht seinen Berufstitel? – Wahrscheinlich sind ihm „Konstruktion, Planung, Organisation und Werbung" wichtiger. Warum hat er das aber nicht klar herausgestellt? – Wie viele Firmenchefs mögen wohl über dieses Inserat hinweggelesen haben, nur weil die Schlagzeile nichtssagend ist?

> **dynamische führungskraft, 39 j.**
>
> **ing. grad. elektrotechnik**
>
> **allroundtechniker, verantwortungsbewußt, kontaktfreudig, verhandlungsgewandt**
> **mit gutem stehvermögen und besten engl. und ital. sprachkenntnissen**
> **14jähr. ing.-tätigkeit in entwicklung, versuch, kundendienst, projektierung**
>
> **z. z. TECHN. VERTRIEBSLEITER**
>
> **sucht verantwortungsvolle position**

Sehen wir einmal davon ab, daß diese Anzeige schon durch die Kleinschreibung auffällt (und warum wieder diese scheußlichen Abkürzungen? Der Preis hätte sich kaum erhöht, wenn diese Wörter ausgeschrieben worden wären), so hat dieser Bewerber gleich drei Dinge hervorgehoben:

die Haupteigenschaft, die er zu haben glaubt (daneben sein Alter),

seinen Titel,

seine derzeitige Stellenbezeichnung.

Er zwingt einen Suchenden geradezu, sein Inserat zu lesen und ihn um eine Bewerbung zu bitten.

> **Sunny Boy**
>
> **(nennt man mich). Erfolgreich im Umgang mit Geschäftspartnern, gewandt und mit einem gewaltigen Schuß unternehmerischen Denkens ausgestattet, hatte ich leider in der Wahl meiner Eltern keine glückliche Hand. Dennoch möchte ich als angehender Betriebswirt die mir zugesprochenen Fähigkeiten nicht ungenutzt lassen. Ihre Zuschrift würde mich freuen, sehr verehrter Herr Unternehmer, wenn sich beim Gedanken an den Nachfolger Ihre Stirn in Falten legt. Mit 27 Jahren glaube ich die Voraussetzungen zu erfüllen, Ihr Lebenswerk expansiv fortzusetzen. Ein offenes Gespräch könnte sich lohnen.**
> **Angebote unter [redacted]**

Wer wird wohl diesem Herrn schreiben? – Wir erfahren über ihn, daß er 27 Jahre alt und „angehender Betriebswirt“ ist (was er wohl „angeht“?). Und sonst: Sunny Boy (eine eigenartige Berufsbezeichnung!).

Aber überlegen wir einmal objektiv: Woher hat der angehende Betriebswirt den „gewaltigen Schuß unternehmerischen Denkens“? Und wen interessieren die Eltern? – Rundheraus: Ein Angeber!

Verkaufsdirektor

47 Jahre, mit breitem Erfahrungsbereich in der Gebrauchsgüter-Industrie, Filialbereich und der Versicherungswirtschaft, vertraut mit kostenbewußter Unternehmensführung. Als Mitglied der Geschäftsleitung verantwortlich für Marktforschung, Absatzplanung, Verkaufsförderung, Werbung und Vertrieb, sechsjährige Führungspraxis für Umsatzvolumen zwischen 20 und 50 Millionen, mit lückenlosem Erfolgsnachweis, fachlich nicht gebunden

sucht

unternehmerische Aufgabe im Vertrieb oder Verwaltung.
Angebote erbeten an [redacted]

Dieses Inserat halte ich für wohlgelungen. Prüfen Sie selbst: Alter – genauer Erfahrungsbereich – jetzige, eigenverantwortliche Aufgaben – Größe des Unternehmens, in dem er bisher tätig war. Ihm können wir sogar glauben, daß er „fachlich nicht gebunden“ ist.

Die Größe des Eigeninserats

Nicht nur aus dem Text ersieht man, wer sich bewirbt, sondern auch aus der Größe. Ein Chef schließt aus ihr nicht auf die Finanzlage des Inserenten, sondern darauf, ob seine Selbstdarstellung auch der Größe nach einer gewissen Norm entspricht.

Wer als Buchhalter eine Stelle sucht, braucht keine Anzeige für über 300 DM in die Zeitung setzen zu lassen. Wer dagegen eine gehobene Stellung anstrebt, darf sich nicht von Anfang an unter Wert verkaufen.

Ein Beispiel aus einer großen überregionalen Tageszeitung: Jeder Millimeter Höhe einer einspaltigen Anzeige (1 Spalte = 44 mm

breit) kostet derzeit 3,60 DM, die untenstehende 24 mm hohe Annonce also (ohne Mehrwertsteuer) 86,40 DM.

Reisender

26 Jahre, sucht Dauerstellung, mögl. in Drogerie, Parfüm., Friseurfach. Ang. unt. [redacted]

Dementsprechend mußte der Industriemeister, der diese – zweispaltige – Anzeige aufgab, das Doppelte auf den Tisch blättern:

Industriemeister (33)

(Metallverarbeitung)

Leiter einer elek. Fertigung (Drahterei, Wickelei), langjährige Erfahrung in der Arbeitsvorbereitung und Menschenführung, wünscht sich Anf. oder Mitte [redacted] zu verändern. Zuschr. unter [redacted]

Inserate, in denen die Schlagzeile größer gedruckt ist, werden unter den vielen Klein- und Kleinstanzeigen immer auffallen. Und das wollen Sie doch: Ihre Anzeige soll gelesen werden! Also lieber ein paar Mark mehr ausgeben (je größer die Schlagzeile, um so mehr Höhe wird durch sie ja in Anspruch genommen) und dafür auch qualifizierte Angebote erhalten.

Selbstverständlich wird ein Hausmeister eine andere Anzeigengröße wählen als eine Chefsekretärin, ein Diplomingenieur, ein Personalleiter oder ein Geschäftsführer.

Ihre Bewerbung muß Ihnen etwas wert sein! Wer einen gehobenen Beruf ausübt und sich verändern möchte, darf auch den Text nicht zu sehr drängen. Er muß neben dem exakt formulierten Text auch genügend Geld für das gute Äußere aufwenden. Und so viel ist es nun auch wieder nicht, wie wir anhand der beiden letzten Beispiele gesehen haben.

Wo will ich arbeiten?

Wer nur „aus der alten Firma weggehen will“, dem wird diese Frage gleichgültig sein. Und dennoch sollten Sie sich einige Gedanken darüber machen:

Strebe ich eine vielseitige Stelle in einem kleineren oder mittleren Betrieb an?

Will ich die Arbeit in einem großen Konzern kennenlernen?

Bin ich auf eine bestimmte Firmenart angewiesen?

Wer dessen nicht sicher ist, sollte sich nicht durch die Festlegung auf eine bestimmte Firmenart die Chance nehmen, von unterschiedlichen Betrieben um eine Bewerbung gebeten zu werden.

> **Werbefachmann**
>
> **z. Z. in verantwortungsvoller Position tätig, sucht interessantes Aufgabengebiet. Ang. unt. [redacted]**

Unser Werbefachmann will in seinem Gebiet bleiben, er beschränkt sich nicht auf eine bestimmte Branche oder Firmengröße.

> **VOLLJURIST**
>
> **32, Betriebswirtschaftsstud., 2 J. Geschäftsführer mittl. Untern., su. viels., anspruchsv. Tätigk. bei Vermögensberatung (-verw.), Bank, wirtschaftl. orient. Anwaltskanzl. o.ä. Ang. u. [redacted]**

Hingegen gibt dieser Volljurist genau an, wo er tätig werden will. Er weiß, wo seine Stärken liegen; daher denkt er in erster Linie an „Vermögensberatung und -verwaltung, an eine Bank oder wirtschaftlich orientierte Anwaltskanzlei“.

Eine Überlegung ist in diesem Zusammenhang sehr wichtig: Werde ich auf meine Anzeige, die in eine ganz bestimmte Richtung zielt, die ich also hierauf einschränke, auch genügend Zuschriften bekommen?

Das ist von Beruf zu Beruf verschieden: Wer mehr „gefragt“ ist, kann es sich leisten, Einschränkungen zu machen. Das gleiche gilt für Personen, deren Kenntnisse stark spezialisiert sind. Der Werbefachmann (siehe S. 41) ist offenbar der Ansicht, überall Werbung treiben zu können. (Wahrscheinlich rechnet er mit vielen Antworten, aus denen er sich diejenigen aussuchen kann, die seiner bisherigen Tätigkeit oder seinen Neigungen und Fähigkeiten am nächsten kommen.) Er wollte nicht gleich sagen: „Ich arbeite in einem Verlag und will das auch weiter tun.“ Er traut sich zu, auch die Berufssparte zu wechseln.

Sie sollten immer bedenken: Bin ich wirklich auf ein engeres Arbeitsgebiet beschränkt, oder kann ich das eingefahrene Geleise auch verlassen? Reichen meine allgemeinen Kenntnisse dazu aus, oder wird zuviel Branchenkenntnis verlangt werden?

Anzeigenschluß

Sie müssen dafür sorgen, daß alle Unterlagen rechtzeitig an Ort und Stelle sind. Daß Sie sich einige Zeit nehmen, um die richtige Formulierung zu finden, sollte selbstverständlich sein. Erkundigen Sie sich genau, zu welchem Termin Ihre Anzeige unbedingt bei der Zeitung (usw.) eingetroffen sein muß, damit sie auch an dem von Ihnen gewünschten Tag erscheinen kann. Die überregionalen Blätter verlangen den Text für die Wochenendausgabe in der Regel schon am Mittwochnachmittag.

Plazierung

Als privater Inserent haben Sie bei größeren Zeitungen nur in den seltensten Fällen Einfluß darauf, an welcher Stelle Ihre Anzeige erscheint. Das bestimmen die Geschäftsbedingungen des Zeitungsverlags. In kleineren Orten mag es hiervon Abweichungen geben. Bedenken Sie aber: Es kommt nicht darauf an, so weit wie möglich am Anfang der verschiedenen Stellengesuche zu stehen, sondern vielmehr darauf, positiv aufzufallen. Aber darüber haben wir ja schon ausführlich gesprochen (siehe S. 35).

c) Das Echo auf meine Anzeige

Ich erhalte viele Zuschriften

Wer die Wahl hat, hat die Qual! Sortieren Sie die Antworten danach, was Sie am meisten anspricht. Sie sollten Gruppen bilden:

Welche Firmen scheiden von vornherein aus? – Wonach Sie sich hier richten, ist natürlich individuell verschieden. Legen Sie diejenigen Schreiben beiseite, die Ihnen deutlich nicht das bieten, was Sie erwarten (sei es örtlich, zeitlich, geldlich, arbeitsmäßig).

Welche Firmen haben sich nicht klar genug geäußert? – Manchmal genügt ein Anruf, um festzustellen, ob die Zuschrift aussortiert wird oder in die engere Wahl kommt. Legen Sie solche aussortierte Zuschriften zunächst einmal „auf Reserve".

In welchen Firmen würde ich gerne arbeiten? – Diesen senden Sie Ihre vollständigen Bewerbungsunterlagen (siehe S. 59).

Ich erhalte nur wenige Zuschriften

Sie werden in diesem Fall wohl oder übel manchen in Betracht ziehen müssen, den Sie bei umfangreicherer Auswahl hätten unberücksichtigt lassen können. Bitte bedenken Sie: Eine Norm dafür, wie viele Zuschriften Sie erhalten könnten oder müßten, gibt es nicht!

Ich erhalte keine Zuschrift

Bitte werfen Sie nicht die Flinte ins Korn, sondern gehen Sie mit sich streng ins Gericht:

War meine Anzeige nicht klar genug?

Habe ich in der falschen Zeitung oder Zeitschrift inseriert?

Habe ich die Anzeige zu einem ungünstigen Zeitpunkt aufgegeben?

Ist meine Anzeige nicht genügend aufgefallen?

Haben Sie über diese vier Fragen Klarheit gewonnen, so gehen Sie an ein neues Bewerbungsunternehmen heran. Vielleicht inserieren Sie in einer anderen Zeitung, vielleicht wählen Sie einen anderen Text, vielleicht ändern Sie die Aufmachung Ihres Inserats. – Auf keinen Fall aber geben Sie auf!

d) *Ich sage ab*

Das Glück war Ihnen hold. Sie erhielten mehrere Angebote. Sie haben sich für eine bestimmte Firma entschieden, und Sie erhielten die angestrebte Stelle auch. Müssen Sie nun den übrigen Firmen, die Ihnen eine Offerte unterbreiteten, absagen? Gebietet das die Höflichkeit?

Sie können sich natürlich auf den Standpunkt stellen: „Wenn ich meine Stelle habe, kümmern mich die anderen nicht mehr!" – Dennoch sollten Sie bedenken, daß Sie nie wissen können, ob Ihnen die betreffende Firma nicht irgendwann einmal sehr von Nutzen sein kann. Sind es also nicht allzuviele Briefe, die Sie schreiben müßten, so denke ich, lohnt sich eine höfliche Absage, etwa so:

Karl Schreiber oHG
Immobilienbüro

Ritterstraße 5
8000 München 82

Meine Bewerbung als ...

Sehr geehrte Herren,
ich danke Ihnen für Ihre Aufforderung, mich zu bewerben. Bitte haben Sie Verständnis dafür, daß ich mich anders entschieden habe.

Meine Wohnung liegt im Westen Münchens, und ich hätte täglich einen Anfahrtsweg von über einer Stunde zu bewältigen, ehe ich bei Ihnen die Arbeit beginnen könnte. Daher habe ich einer Firma zugesagt, deren Büro in meiner Nähe liegt.

Mit freundlichen Grüßen

3. Vermittlung durch das Arbeitsamt

Nicht wenige von uns, fällt das Wort „Arbeitsamt", haben das folgende Bild vor Augen: Eine Menschenschlange vor einem Schalter, ähnlich wie um den Ersten eines Monats auf dem Postamt. Die Leute gehen „stempeln"; sie holen sich das Arbeitslosengeld ab. Abgerissene Gestalten sind darunter und vornehm tuende, die von jenen am liebsten einige Meter abrücken würden. Jeder hält dem Mann hinter der Holztheke eine Karte hin, bekommt einen Stempel darauf gedrückt, ein paar Scheine in die Hand gelegt und zieht von dannen. „In die nächste Gaststätte" – werden Boshafte sagen. Zerreißen wir dieses Bild jedoch in Schnipsel; denn das Arbeitsamt hat heute (neben der Auszahlung von Arbeitslosengeld) noch viele andere Aufgaben zu erfüllen, die leider nur den wenigsten bekannt sind.

Fast 150 Arbeitsämter mit über 500 Nebenstellen unterstehen der „Bundesanstalt für Arbeit" in Nürnberg, der außerdem noch neun Landesarbeitsämter zugehören. Ein Institut für Arbeitsmarkt- und Berufsforschung ist angegliedert. Die finanziellen Mittel der Bundesanstalt bringen zu je 50 Prozent die Arbeitnehmer wie die Arbeitgeber mit ihrem monatlichen Beitrag auf.

Bei den vielseitigen Aufgaben der Arbeitsämter – wie Berufsberatung, Arbeitsberatung, Arbeitsvermittlung, Förderung von beruflicher Aus- und Fortbildung, Umschulung, Förderung von Bildungseinrichtungen, Hilfen für Behinderte, Förderung älterer Arbeitnehmer, Leistungen an Arbeitslose, Schaffung von Arbeitsplätzen – müssen wir uns hier auf das Wichtigste beschränken.

Arbeitsvermittlung

Der „Arbeitsvermittler" ist nicht nur Vermittler, sondern zugleich Berater. Ihm ist als Angehörigem des Arbeitsamts vom Gesetzgeber die Aufgabe übertragen, aus dem Stellenangebot, das beim Arbeitsamt vorliegt, nicht nur *etwas,* sondern das *Passende* herauszusuchen. Dazu ist ein Gespräch notwendig. Scheuen Sie sich daher nicht, den Stellenvermittler aufzusuchen. Er ist für Sie da!

Wenn auch viele Firmen in erster Linie auf die Wirksamkeit ihrer teuer bezahlten Zeitungsinserate hoffen, weil sie damit die Interessenten unmittelbar ansprechen, so geben manche doch zugleich dem Arbeitsamt ihren Stellenbedarf bekannt. Und da die Stellenvermittlung Ihnen nicht nur „auf Verdacht" zu einer Bewerbung rät, sondern sich um Ihren Werdegang kümmert, Ihnen etwas empfehlen will, sind Sie dort zweifellos auch am richtigen Platz.

Zunächst wird man sich an das örtlich zuständige Arbeitsamt wenden. Wir haben jedoch schon gesehen (vgl. S. 34), daß man sich bei der Suche nach einem neuen Arbeitsplatz auch gründlich die Frage vorlegen muß, ob vielleicht ein Ortswechsel günstigere Voraussetzungen schafft. Auch hierbei ist die Arbeitsverwaltung gerne behilflich:

Die *Zentralstelle für Arbeitsvermittlung*
Feuerbachstraße 42, 6000 Frankfurt/Main
sowie

die *Landesstellen für Arbeitsvermittlung* in
1000 Berlin 61, Charlottenstraße 90–94
2000 Hamburg 1, Nagelsweg 10
3000 Hannover, Brühlstraße 4
4000 Düsseldorf, Fritz-Roeber-Straße 2
6000 Frankfurt/Main 71, Fischerfeldstraße 8–12
7000 Stuttgart 1, Dillmannstraße 7
8000 München 15, Lindwurmstraße 117
8500 Nürnberg, Kontumazgarten 19

haben eine Übersicht über freie Stellen, die nicht an einen bestimmten Ort gebunden sind. Wer sich also nicht von vornherein auf seinen Wohnort festlegen will oder muß, kann über diese Behörden einen neuen Tätigkeitsbereich finden. Die Landesstellen versorgen, zusammen mit der Zentralstelle in Frankfurt/Main, qualifizierte Kräfte überregional mit passenden Arbeitsplätzen.

Wer beabsichtigt, seinen Beruf im Ausland auszuüben, kann sich ebenfalls an die Zentralstelle in Frankfurt/Main wenden.

Von der Verkäuferin bis zum Akademiker – das Arbeitsamt kann helfen, kostenlos und in bestimmten Fällen, die das Gesetz vorschreibt, sogar mit Zuschüssen. Warum sollten wir diese Hilfe ausschlagen?

Auch wenn dieser Weg beschritten wird, sollte man die Bewerbungsmaßnahmen sorgfältig planen: Es wird bei der Vermittlung durch das Arbeitsamt nicht damit getan sein, eine Firma aufzusuchen oder gar automatisch eine Stelle zu erhalten. Bewerbung, Vorstellung und rechtliche Fragen spielen dieselbe Rolle wie bei allen anderen Bewerbungsmaßnahmen.

Berufsförderung

Das Arbeitsamt unterstützt auch finanziell Ihre berufliche Fortbildung, vorausgesetzt, Sie haben eine abgeschlossene Berufsausbildung oder eine angemessene Berufserfahrung und Sie geben die Gewähr dafür, daß die Förderungsmaßnahmen erfolgreich sein werden.

Das Arbeitsamt finanziert Ihre berufliche Fortbildung bis zu zwei Jahren; wenn nötig, auch länger. Für ganztägigen Vollzeitunterricht bietet es Unterhaltsgeld. Sie können Zuschüsse erhalten, wenn Sie Lehrgänge besuchen, die von der Bundesanstalt für Arbeit als „förderungswürdig“ anerkannt worden sind. Erkundigen Sie

Peter Lauster, Der Persönlichkeitstest
(Band 10739)

sich also stets, ehe Sie einen Kurs besuchen, ob Sie einen staatlichen Zuschuß beanspruchen können! (Für Kurzlehrgänge wie zumeist in Stenografie, Maschinenschreiben, Buchführung, Sprachen und ähnliche zahlt das Arbeitsamt allerdings nicht.)

Erwähnt sei noch, daß das Arbeitsamt für Arbeitslose wie für Arbeitsuchende Mittel zur Verfügung stellt[1] und auch zur Umschulung beiträgt.

4. Die Bewerbung im eigenen Betrieb

Wir haben uns zu Beginn dieses Buches überlegt, *warum* Sie die Absicht hegen könnten, Ihre Stelle zu wechseln. Daß es nicht unbedingt nötig ist, gleich eine fremde Firma aufzusuchen, liegt auf der Hand:

„Mein Chef hat kein Verständnis für mich“

„Ich habe keine Verantwortung“

„Man traut mir nichts zu“

„Ich bin schon viel zu lange in meiner Firma“

„Ich komme mit den Kollegen nicht aus“

„Mein Chef ist ein Ekel“.

So oder ähnlich lauten nicht selten die Argumente, die man zu hören bekommen kann. Gibt es nun wirklich keine andere Möglichkeit als die, sich in einer anderen Firma eine Stelle zu suchen?

Sie müssen sich klar darüber sein, ob es

die Stelle oder
die Firma

ist, in der Sie nicht mehr arbeiten wollen. Die Größe des Betriebs wird allerdings eine wesentliche Rolle spielen. In Konzernen können Sie leichter „untertauchen“, können Sie Ihren Arbeitsplatz wechseln und sich dann fast wie in einer anderen Firma fühlen (so z. B., wenn Sie mit Kollegen oder übergeordneten Personen Schwierigkeiten hatten, die nicht zu überwinden waren). Wenn Sie in einem kleineren Betrieb tätig sind, ist eine solche Veränderung oft gar nicht möglich, weil nicht genügend Stellen vorhanden sind; zum

1 Über Näheres informiert die Broschüre „Dienstleistungen für jedermann“, die von der Bundesanstalt für Arbeit in Nürnberg herausgegeben wird und die Sie bei Ihrem Arbeitsamt erhalten können.

anderen würde selbst ein Wechsel keine wesentliche Veränderung der Umwelt mit sich bringen (und diese Veränderung ist es doch, auf die es ankommt!).

Wir wollen einmal voraussetzen, daß Sie nicht grundsätzlich mit der Arbeit in Ihrer Firma unzufrieden sind, sondern mit der Stelle, die Sie bekleiden. Ihr erster Gedanke sollte sein – ehe Sie an einen Wechsel des Betriebes denken – eine bessere Position im alten Haus anzustreben.

Sie dürfen nicht darauf warten, daß Ihnen jemand wegen Ihrer Leistungen eine verantwortungsvollere Stelle anträgt; Sie müssen selbst die Initiative ergreifen: Sie müssen sich um eine Tätigkeit bemühen, die Ihnen angemessen erscheint. Selbstverständlich werden Sie durch rege Mitarbeit, durch offensichtliches Mitdenken, durch ihre Arbeitsleistung positiv auffallen. Dennoch bietet Ihnen in den wenigsten Fällen ein Abteilungsleiter oder ein Firmenchef von sich aus eine bessere Stelle an.

Im eigenen Betrieb haben Sie folgende Möglichkeiten:

Sie bewerben sich um eine bessere Stelle (sei es auf gut Glück oder auf Hörensagen von einer Stellenausschreibung oder auf eine Notiz am Schwarzen Brett hin).

Sie bitten darum, an einen anderen Arbeitsplatz versetzt zu werden, falls Sie austauschbar sind (vielleicht an eine Außenstelle, die günstiger gelegen ist, Ihnen mehr Aufgabenbereiche bietet und Ihnen ein höheres Gehalt verspricht).

Merken Sie sich als Grundregel: Niemals den Chef übergehen! – Ein Schreiben an die Geschäftsleitung, ohne daß Sie zuerst den Vorgesetzten befragen, zeigt, daß Sie ihm nicht genügend vertrauen; dabei könnte gerade er es sein, der Sie in Ihrem Vorhaben fördert. Wenn er es befürwortet, daß Sie ein Gesuch an die Firmenspitze richten, so formulieren Sie Ihren Wunsch keinesfalls nur mit „Ich möchte mich verändern“ oder „Ich möchte mich verbessern“ oder „Ich möchte gerne vorwärtskommen“. Sie drücken ihr Anliegen möglichst genau aus, etwa: „Aufgrund meiner Kenntnisse traue ich mir zu, eine Stelle als . . . zu bekleiden. Bitte geben Sie mir Bescheid, ob Sie mir eine solche Position in unserer Firma anbieten können.“ Auch müssen Sie handfeste Beweise dafür vorbringen, warum Sie glauben, der Firma an einem anderen Arbeitsplatz mehr bieten zu können, z. B.: „Ich bin seit vier Jahren Korrespondent in der Vertriebsabteilung. Nun suchen Sie, wie mir bekannt geworden ist, einen Assistenten der Vertriebsleitung. Die Kenntnisse, die ich hier bisher erworben habe, ergänzen mein Wissen aus der früheren, dreijährigen Tätigkeit bei der Firma XY. Ich bin überzeugt, für Herrn X die rechte Hand sein zu können."

Von selbst sollten Sie erst dann an den „höchsten Boß" herantreten, wenn von Ihrem unmittelbaren Chef keinerlei Echo zu hören ist oder wenn er Sie strikt abweist. Bedenken Sie dabei aber auch, ob er Sie nicht genauer kennt, als Sie glauben. Ohne seine Fürsprache vorwärtszukommen, wird in einer streng gegliederten Firma ohnehin schwierig sein. Ich will Ihnen damit nicht den Mut nehmen; aber Sie dürfen diesen wesentlichen Gesichtspunkt nicht aus dem Auge lassen. Die Kompetenz eines Vorgesetzten zu übergehen, die ihm aufgrund der Firmenorganisation zusteht, bürdet Ihnen fast immer nachteilige Folgen auf.

Es wurde bereits betont, wie wichtig es ist, sich in einem Eigeninserat selbst genau darzustellen (siehe S. 31) oder auf eine Anzeige – dasselbe gilt auch für eine Stellenausschreibung am Schwarzen Brett – exakt zu antworten (siehe S. 22). Legen Sie also im Sinne der aufgezeigten Gesichtspunkte dar, um welche Stelle Sie sich bewerben wollen. Um so eher wird die Firmenleitung bereit sein zu prüfen, ob Ihr Wunsch erfüllt werden kann. Falls Sie bereits wissen, daß eine bestimmte Stelle frei wird, so sind Sie im Vorteil; dennoch ist auch eine Bewerbung „ins Blaue" (vgl. S. 26) nicht abzulehnen. Vielleicht fand man bisher nur keine Gelegenheit, sich Gedanken über Ihre sonstige Verwendbarkeit zu machen.

Noch eines: Was der Firmenleitung aufgrund Ihrer Bewerbung, ehe Sie angestellt worden sind, schon klar ist oder was bereits in Ihrem Personalbogen steht (den Sie einmal haben ausfüllen müssen), brauchen Sie nicht mehr zu wiederholen. Im übrigen halten Sie sich am besten an das, was ich zum Bewerbungsschreiben ausführen werde (siehe S. 59 ff.). Einen neuen Lebenslauf brauchen Sie daher nicht anzufertigen, wenn Sie das bereits vor Ihrem Eintritt in den Betrieb getan haben.

5. Die Beziehungen

Unter Beziehungen wollen wir alle diejenigen Verbindungen verstehen, bei denen Personen – aufgrund Ihrer Leistungen – Ihnen so gewogen sind, daß sie Ihnen ehrlichen Herzens behilflich sein wollen, eine neue Stelle zu finden. Das gilt für die Bewerbung im eigenen Betrieb ebenso wie für den Versuch, anderswo unterzukommen.

Halten Sie sich stets vor Augen: Denjenigen, der Sie „empfehlen" soll, dürfen Sie auf keinen Fall enttäuschen! Überlegen Sie also gut, ob Sie sich der Verbindung zu einem bestimmten Menschen guten Gewissens bedienen können. Wenn Sie z. B. eine leitende Stelle in Ihrer Sparte anstreben, in Ihrer Firma bisher aber nicht vorwärtskommen konnten, so mag es angehen, jemanden einzuschalten, der Ihnen zutraut, die neue Aufgabe zu bewältigen. Aber: Er muß sicher sein, daß er sich für Sie verwenden kann, ohne selbst Schiffbruch zu erleiden. Sie müssen sich in die Lage dessen versetzen, der für Sie eintreten soll. Würden Sie für jemanden bürgen, den Sie nicht genau kennen? Sicher nicht! Halten Sie sich also nur an solche Personen, die Sie genau kennen und die Ihrer Loyalität auch sicher sein können. Nur so dürfen Sie „Beziehungen spielen lassen".

Wer kann Ihnen überhaupt helfen? – Nur wer genügend Einfluß in einer Firma hat, so daß seine Empfehlung auch ernst genommen wird. Wenn Sie von einem untergeordneten Mitarbeiter wissen, daß eine bestimmte Stelle frei wird, an der Ihnen gelegen wäre, so beziehen Sie sich in Ihrer Bewerbung höchstens darauf, woher Sie davon gehört haben. – Jemand, der etwas zu sagen hat, bereitet zusammen mit Ihrer Bewerbung (sie darf nicht außer acht gelassen werden) Ihren Stellenwechsel vor. Diese Person kann z. B. Leiter jener Abteilung sein, in der Sie arbeiten wollen; es kann der Personalleiter einer Firma sein, es kann ein wichtiger Geschäftsfreund des Betriebes sein, dessen Name gewährleistet, daß er keinen vorschlägt, der es nicht verdient.

Vergewissern Sie sich also, welche Position der Betreffende innehat oder in welcher Geschäftsverbindung er zu dem zukünftigen Arbeitgeber steht. Und sollte es der Firmenchef selbst sein, der zu Ihnen sagt: „Kommen Sie doch zu uns!", Sie müssen gewissenhaft prüfen, ob Sie wirklich geeignet sind. Fragen Sie sich auch hier: „Was kann ich eigentlich?" (vgl. S. 10), und fragen Sie auch den Mann, der Ihr neuer Chef werden wird, was er von Ihnen erwartet.

Sie wissen selbst, wie kurz der Weg von einer „Beziehung" zur „Protektion" ist. Die mit einer Protektion in der Regel verbundene

Bevorzugung wollen wir ganz beiseite lassen; denn selten ist ein solches Lieblingskind zugleich Vorbild. Sie alle kennen diesen Typ von Mitarbeiter: Nach oben buckeln, nach unten treten.

Sollten Sie in der Lage sein, protegiert zu werden, so müssen Sie auf schnellstem Wege danach trachten, diese Hervorhebung allen Mitarbeitern gegenüber auch zu rechtfertigen; Sie dürfen nie den Gedanken aufkommen lassen, Sie hätten Ihre Stelle nicht Ihrer Leistung zu verdanken.

6. Ausbildungsberufe – Anlernberufe – Vielseitigkeit

Als was soll ich mich bewerben? Grundlegendes in diesem Zusammenhang wurde bereits bei der Behandlung des Eigeninserats gesagt (siehe S. 28). An dieser Stelle wollen wir über Berufe und Betätigungsfelder sprechen. Überlegen Sie zunächst einmal, welche Betätigungsfelder Ihnen Ihr Beruf bietet:

> Der Versicherungskaufmann ist in Versicherungen zu finden, als Sachbearbeiter wie als Bezirksdirektor;
>
> der Großhandelskaufmann ist im Großhandel, auch hier wieder in vielen Branchen, tätig;
>
> der Elektroingenieur kann selbständig sein; er kann aber auch in einer großen Firma, unter Umständen als „Nummer 351“, arbeiten;
>
> der Volksschullehrer kann nicht an einem Gymnasium unterrichten;
>
> den Juristen finden wir hingegen in Betrieben aller Arten und Größen, im Staatsdienst und als Selbständigen;
>
> wo gibt es heute keine Sekretärin?
>
> der Hochbautechniker ist auf den Hochbau spezialisiert usw.

Ausbildungsberufe

Hierzu zählen wir alle Berufe – kaufmännisch oder handwerklich –, die eine bestimmte Lehrzeit voraussetzen. In ihr werden alle Kenntnisse vermittelt, die dem sogenannten „Berufsbild“ entsprechen. Wer z. B. die Kaufmannsgehilfenprüfung oder die Gesellenprüfung bestanden hat, kann darauf zählen, daß er auf allen Gebieten das Wissen erworben hat, das für seinen Beruf wesentlich ist.

Im Laufe der Zeit sollte sich jeder Berufstätige auch Spezialkenntnisse aneignen. Diese helfen ihm unter anderem auch bei Stellenbewerbungen. Wie oft lesen wir doch in Anzeigen:

„. . . gesucht, besondere Kenntnisse in . . . sind Voraussetzung".

Übersehen Sie nicht, daß auch eine Prüfung, deren Bestehen mit einer Urkunde belohnt wird, nicht alle Kenntnisse erweisen kann. Ich rate daher allen, die den Kaufmannsgehilfenbrief oder den Gesellenbrief besitzen, sich um die Anforderungen zu kümmern, die das einschlägige Berufsbild an sie stellt. Nur so wissen Sie, ob Sie auch in fremden Firmen ohne übergroße Anlaufschwierigkeiten arbeiten können. *Über die Berufsbilder geben die Industrie- und Handelskammern sowie die Handwerkskammern gerne Auskunft.*

Ich kann an dieser Stelle nichts über Ihre Ausbildung sagen; doch wage ich zu bezweifeln, daß alle Leser, die zufällig den gleichen Beruf erlernt haben, auch – ohne Rücksicht auf Fleiß und Begabung – annähernd den gleichen Umfang an beruflichem Wissen vermittelt erhielten.

Müssen Sie beim Studium des Berufsbildes feststellen, daß Ihnen auf einem Gebiet grundlegende Kenntnisse mangeln, so heißt es: schnellstens nachholen! Lehrgänge, Fernstudium, Selbststudium bieten sich an. Gehen Sie daran nicht vorbei!

Anlernberufe

Hierunter fallen Berufe, die keine Abschlußprüfung voraussetzen. Nach einer Vorbereitungs- und Einarbeitungszeit übt der Betreffende seine Tätigkeit aus. Allerdings ist das Beschäftigungsfeld naturgemäß eingeengt. Das bedeutet keine mindere Qualifikation. Der Beruf der Telefonistin ist beispielsweise kein Lehrberuf. Trotzdem muß in manchen Unternehmen eine Telefonistin, vielleicht sogar mit Fremdsprachenkenntnissen, mehr leisten als ein Bürokaufmann.

Vielseitigkeit

Trachten Sie stets danach, nicht einseitig zu sein. Fortwährende *Weiterbildung* auf allen Zweigen Ihres Arbeitsgebiets hilft Ihnen, diesem Ziel näherzukommen. Wenn auch in unserer Zeit sich der Spezialist einer besonderen Wertschätzung erfreut, so wäre doch nichts verfehlter, als sich selbst einzumauern. Bleiben Sie daher immer auf dem laufenden in allem, was Ihre Arbeit auch nur irgendwie betrifft. Halten Sie sich Fachzeitschriften, studieren Sie Bücher, die Ihre Bildung fördern. Besuchen Sie Lehrgänge, die Ihnen beruflichen Aufstieg ermöglichen. *Glauben Sie nie, daß Ihre Stelle die Stelle fürs Leben sei.* Heute bereits sind sich Arbeitsforscher darüber klar, es werde schon in wenigen Jahren an der Tagesordnung sein, daß jeder Arbeitende im Laufe seines Lebens bis zu viermal nicht nur seine Stelle, sondern seinen Beruf wird wechseln müssen. Ständige Veränderung im Berufsleben wird zur Norm werden. Die Zahl derer, die in einem Jahr ihren Beruf wechseln müssen, liegt bei einer Million, und das wird sich (die Fachleute sind sich darüber einig) nicht grundlegend ändern.

Keine erfreulichen Zukunftsaussichten – wir müssen uns aber mit ihnen auseinandersetzen.

7. Berufsfortbildung als Planung für die Zukunft

Immer mehr verschiebt sich die Zahl der Beschäftigten von denjenigen, die in der Produktion tätig sind, zu denen hin, die Verwaltungsaufgaben ausführen. Viel wird von Automation und Rationalisierung gesprochen. Sie sollen uns helfen, schneller, besser, billiger zu arbeiten. Und doch steht hinter diesen Begriffen das Gespenst des Verlustes unseres Arbeitsplatzes: Was soll geschehen, wenn mein Arbeitsplatz „eingespart“ wird?

Viele von uns müssen sich diese Frage vorlegen, und zwar schon heute. Und wieder ist zu betonen: Ständige Weiterbildung hilft uns, daß wir auch in Zukunft Schritt halten können.

Nach den Ermittlungen der Wissenschaftler wird es in zehn Jahren verschiedene Berufe überhaupt nicht mehr geben – und daran werden nicht immer die Computer schuld sein. Somit wird auch die beratende Funktion des Arbeitsamts für Berufsausbildung wie Berufsfortbildung ständig an Gewicht zunehmen (vgl. hierzu S. 45). Und es ist gut, daß sich der Staat frühzeitig und vorbeugend um diejenigen annimmt, deren Arbeitsstellen über kurz oder lang in Gefahr sind. Verfolgen Sie ständig den Anzeigenmarkt, selbst wenn Sie jetzt nicht die Absicht haben, die Stelle zu wechseln. Ist Ihr Beruf gesucht? Welche Spezialkenntnisse werden verlangt?

Lesen Sie Zeitungen, die sich mit wirtschaftlichen Problemen beschäftigen. Halten Sie Verbindung mit den Industrie- und Handelskammern, den Handwerkskammern und mit den Gewerkschaften; sie sind informiert und geben ihr Wissen gern weiter.

All das gibt Ihnen die Sicherheit, nicht eines Tages hilflos vor dem Nichts zu stehen.

Stehen Sie vor der Frage eines Stellenwechsels und haben Sie z. B. eine Anzeige gefunden, die Ihnen eine verlockende Stelle anbietet, und sind Sie nach eingehender Prüfung zu dem Ergebnis gekommen, daß Sie nicht alles können, was in dieser Anzeige verlangt wird, dann:

nicht resignieren – lernen!

8. Berufswechsel

Ein Entschluß zum Berufswechsel will gut überlegt sein. Vier Erkenntnisse könnten Sie zu dieser Entscheidung bringen:

1. Die Zukunftsaussichten in meinem Beruf sind schlecht.
2. Ich übe einen ungeliebten Beruf aus.
3. Ich habe Neigungen und Eignungen an mir erkannt, von denen ich bei der Berufswahl nichts wußte.
4. Ich kann meinen Beruf aus gesundheitlichen Gründen nicht mehr ausüben.

Ganz bewußt habe ich nicht genannt: „Ich verdiene zu wenig." Falls der Minderverdienst mit dem Beruf selbst zusammenhängt, d. h. es in diesem Beruf keine höheren Verdienstmöglichkeiten gibt, wenn Sie also schon das (Sie nicht befriedigende) Endstadium erreicht haben, dann gehört dies zu Punkt 1 („Die Zukunftsaussichten in meinem Beruf sind schlecht"). Ein Beruf, der keine finanziellen Chancen mehr bietet, ist – zumindest in jüngeren Jahren – „tot" für den, der nach oben strebt.

Ein Berufswechsel setzt voraus:

Umschulung
und
Einarbeitung.

Unter Berufswechsel kann man recht Verschiedenes verstehen:

Ein Sachbearbeiter geht in den Außendienst.

Ein Einzelhandelskaufmann wird Lagerverwalter.

Ein technischer Zeichner wechselt in die Datenverarbeitung.

Ein Straßenbahnfahrer wird Kaufmann.

Ein Handwerker wählt einen Büroberuf.

Ein Bäcker erlernt einen technischen Beruf.

Die Beispiele könnten beliebig fortgesetzt werden. Es gibt fast keinen Berufswechsel, der nicht vorstellbar wäre. Ob er immer sinnvoll ist? Lesen Sie bitte, wenn Sie die Absicht haben, Ihren Beruf aufzustecken, nochmals genau nach, was wir im Vorwort festgehalten haben.

Wer keinen Beruf erlernt hat, findet – in Zeiten der Konjunktur – im allgemeinen leichter den Weg zu einer neuen Tätigkeit, denn er hängt ja nicht so sehr an einer angestammten Beschäftigung. Er hat nicht so viel Zeit darauf verwendet, „etwas zu werden".

Viele haben schon vor Ihnen erkannt, daß sie in einem anderen Beruf mehr leisten können. Denken Sie nur an die vielen Studenten, die erst nach einigen Semestern merken, daß sie sich für ein Studium entschieden hatten, das ihnen nicht lag oder das ihnen nicht so viel Freude bereitete wie ein anderes Fach. Ich denke hier an Professor Karl Böhm, den gefeierten Dirigenten, der ein komplettes Jurastudium hinter sich brachte, den Doktortitel erwarb, dann zu seiner alten Liebe, der Musik, stieß und schließlich – später als viele seiner „neuen" Kollegen – seine Berufung zum Beruf machte. Wir wollen in einer Zeit, die so arm an Vorbildern ist, öfter an ein solches Beispiel denken.

„Was man gern macht, macht man besser" – kaum jemand kann in einem Beruf, an dem er nicht (wenigstens irgendwie) hängt, Gutes leisten. Die Zeit für die Umschulung ist für einen solchen Menschen alles andere als vergeudet.

Auf den Gebieten der *Fortbildung* und der *Umschulung* stehen Ihnen neben den Arbeitsämtern (vgl. S. 45) viele Institutionen helfend zur Seite (die Reihenfolge bedeutet keine Bewertung):

Gewerkschaften (Deutsche Angestellten-Gewerkschaft, Deutscher Gewerkschaftsbund)

Volkshochschulen

Privatschulen (Handelsschulen etc.)

Fernschulen

Private Unterrichtskurse.

Daß die *Datenverarbeitung* ein neues Berufszentrum von morgen bilden wird (zum Teil ist sie es heute schon), ist zur Genüge in Zeitungen, Zeitschriften und Büchern erörtert worden. Es ergeben sich hier Aspekte für so manchen, der bisher einen anderen Beruf ausübte. Dennoch muß ich eindringlich davor warnen, daß gänzlich unqualifizierte Personen glauben, damit „das große Geld machen" zu können. (Das Fußvolk wird auch bei der Arbeit mit Computern Fußvolk bleiben und dementsprechend bezahlt werden.)

Gehen Sie an den Wegweisern zur Zukunft nicht vorbei; aber lassen Sie sich beraten!

II. Die Bewerbung

„Bitte bewerben Sie sich mit den üblichen Unterlagen"

Wir wollen unter Bewerbung grundsätzlich die schriftliche Bewerbung verstehen – mit allem, was sie erfordert. Ich möchte Ihnen Beispiele und Tips geben, die naturgemäß nicht für alle Berufssparten fertige Schablonen sein können und die Sie praktisch nur mehr abzuschreiben brauchten. Das ist nicht Sinn dieses Bandes. Sie sollen vielmehr damit vertraut werden, was eine Firma erwartet, die eine Stelle ausschreibt oder die auf Ihre eigene Anzeige oder die Bewerbung „ins Blaue" positiv antwortet. Meine Anregungen gelten ebenso für diejenigen, die eine Stelle über das Arbeitsamt vermittelt erhalten wollen. Die Beispiele sollen Helfer sein, die Sie Ihrer eigenen Situation anpassen müssen.

Halten Sie sich stets vor Augen, welchem Zweck die Bewerbung dient: Sie wollen, daß Sie eine neue Stelle erhalten. Sie wollen (bei mehreren Bewerbern) zumindest in die engere Wahl kommen. Also muß Ihre Bewerbung „ankommen"; sie muß von vornherein auffallen – positiv natürlich. Wenn Sie dann noch das zu bieten haben, was eine Firma von Ihnen erwarten kann (vielleicht sogar noch etwas mehr), so sind Sie auf dem besten Weg, den ersehnten Erfolg zu erzielen.

Eine Firma wirbt in Zeitungen, im Rundfunk, im Fernsehen für ihre Erzeugnisse. Und Sie – Sie werben mit Ihrer *Be*werbung für sich selbst! Von den Werbefachleuten können Sie hierfür eine Menge lernen. Nicht von denen, die nur in Superlativen schwelgen, sondern von denen, die etwas zu bieten haben und es auch entsprechend *an*bieten.

AIDA

Grundlage für erfolgreiche Werbung ist eine Formel, die mit dem Wort AIDA gekennzeichnet ist. Sie hat nichts mit der Oper von Verdi zu tun; diese vier Buchstaben sind vielmehr die Anfänge von vier Wörtern, die den wirkungsvollen Aufbau einer Werbeschrift (und damit auch einer Bewerbung) klarmachen sollen:

A = Attention (englisch; zu deutsch „Aufmerksamkeit").
Aufmerksamkeit sollen Sie erregen. Der Leser Ihrer Bewerbung soll auf das vorbereitet und eingestimmt werden, was Sie ihm anschließend unterbreiten.

I = Interest (Interesse).
Als weiterer Schritt soll das Interesse des Lesers geweckt werden. Sie führen ihn auf das Ziel hin, das Sie selbst verfolgen.

D = Desire (Wunsch).
Auf Ihre Darlegungen hin soll der Lesende den Wunsch verspüren, das zu tun, was Sie von ihm erwarten.

A = Action (Handlung).
Jetzt handelt der Leser. Er tut das, was Sie bezwecken wollten.

Fordert Sie eine Firma zu einer Bewerbung *(„Bitte bewerben Sie sich mit den üblichen Unterlagen")* auf, so werden erwartet:

ein Bewerbungsschreiben,

ein Lebenslauf,

ein Lichtbild und

Nachweise über Ihre bisherigen Leistungen.

In den weitaus meisten Fällen erhält ein Inserent eine große Zahl von Bewerbungen. Für Sie kommt es nun darauf an, schon bei der ersten Prüfung Ihrer Unterlagen angenehm aufzufallen. Damit haben Sie nämlich bereits die erste Hürde genommen.

1. Das Bewerbungsschreiben

a) Der äußere Rahmen

Die Form

Grunderfordernisse: Sauber – modern – nicht übertrieben!

Merken Sie sich für die Länge Ihres Bewerbungsschreibens als goldene Regel: eine Seite! – Weichen Sie davon aber ruhig ab, wenn Sie mit sich zu Rate gegangen und zu dem Ergebnis gekommen sind, daß eine Seite in Ihrem Fall einfach nicht ausreicht.

Dies kann zutreffen

wenn Sie aufgrund des Anzeigentextes in Ihr Bewerbungsschreiben viele Tätigkeitsmerkmale aufnehmen müssen, die nicht in den Lebenslauf gehören,

wenn Sie keine Schreibmaschine besitzen und eine große Handschrift haben,

wenn Sie sich „ins Blaue" bewerben und deshalb mehr ausdrücken müssen, als es bei der Bewerbung auf ein Inserat notwendig ist. (Sie wissen ja nicht, welche der Eigenschaften, die Sie nennen, besonders zugkräftig ist.)

Das Papier

Das Papier soll einwandfrei weiß sein. Damen warne ich vor zart gefärbtem Papier! Als Größe kommt ausschließlich *DIN A 4* (normaler Schreibmaschinenbogen) in Frage. Alles andere mag im Privatbrief angehen. Hier, wo Sie geschäftlich tätig werden, müssen Sie sich an die im Geschäftsleben angewendeten, genormten Größen halten. Auch wenn Sie nur wenige Zeilen von sich geben sollten, geht es nicht an, etwa ein halbes Blatt zu verschicken. Gezackter Rand verbietet sich für Geschäftliches von selbst.

Der Briefkopf

Der Briefkopf muß dem Leser sagen,

wer sich an ihn wendet,

wo der Betreffende wohnt,

wann er den Brief abgeschickt hat.

Besitzen Sie eine allgemeingültige Berufsbezeichnung, so können Sie diese zum Namen setzen, müssen es aber nicht tun:

Dipl.-Ing. Heinz Müller Hamburg, 14. 5. 1978
Rahlstedter Straße 151
2000 Hamburg 73
Telefon: (04 11) 77 61 31

Am saubersten wirkt es, wenn Sie vorgedruckte Briefbögen verwenden. Sie können unter vielen Schriftarten wählen. Lassen Sie sich einmal in einer Druckerei eine Auswahl vorlegen, und Sie werden selbst sehen: Wer die Wahl hat, hat die Qual. Sie sollen nur keine besonders ausgefallenen Buchstaben und Ziffern aussuchen. Das sähe ein bißchen nach Angabe aus. Auch vor Farbdruck warne ich Sie. Er ist höchstens angebracht, wenn Sie eine eigene Firma haben. (Aber Ihre Bewerbung sollten Sie immer auf einem Privatbogen niederschreiben.)

Übrigens: Vorgedrucktes Briefpapier kann man sich zum Geburtstag oder als Weihnachtsgeschenk wünschen. Aber auch ohne einen solchen Feiertag abzuwarten, lohnt sich diese Anschaffung – ohne Rücksicht auf den Beruf – für jeden, der nicht nur einmal im Jahr etwas zu schreiben hat.

Die Anschrift

Die genaue Anschrift darf in keiner Bewerbung fehlen. Es genügt nicht zu schreiben:

Deutsche XY-Werke
München

Sie müssen vielmehr alles angeben, was auch schon in der Anzeige stand, auf die Sie sich bewerben. Haben Sie selbst ein Inserat aufgegeben und eine Zuschrift bekommen, so entnehmen Sie die Adresse dem Briefkopf der Firma. Bewerben Sie sich „ins Blaue", so müssen Sie wohl oder übel im Telefon- oder Adreßbuch nachschlagen. Richten Sie dann Ihren Brief bei größeren Firmen an die Personalleitung, bei kleineren an die Firmenleitung.

Auch die Form der Anschrift ist genormt. Sie muß z. B. lauten:

Karl Mettler KG
Lackfabrik
Postfach 2026

6000 Frankfurt 2

Bei der Bewerbung auf eine *Chiffre-Anzeige* lautet die Anschrift wie auf dem Briefumschlag, z. B.:

Frankfurter Allgemeine
– Z 291 375 –
Postfach 34 61

6000 Frankfurt 1

Der Ort steht in angemessenem Abstand unter dem Straßennamen (bzw. Postfach) auf der linken Briefseite.

Der Betreff

Der Betreff muß in einer Zeile (höchstens in zwei Zeilen) das Wesentliche nennen, also dem Empfänger den Sinn Ihres Schreibens darlegen. *Das Wort „Betreff" selbst wird im modernen Brief weggelassen!* Wir geben unserem Text also lediglich eine Überschrift.

Diese Überschrift darf nicht einfach heißen: „Bewerbung"; es bieten sich vielmehr zwei Möglichkeiten an:

Bewerbung als ...

Ihre Anzeige in der Frankfurter Allgemeinen vom 20. Februar 1978

Ich gebe der ersten Fassung den Vorzug, weil sich dann als Briefanfang wie von selbst ergibt, daß Sie von der Anzeige (genau angeben!) schreiben, auf die Sie sich bewerben (vgl. über die Einleitung eines Bewerbungsschreibens auch S. 65).

Die Anrede

Die Anrede ist in der Regel mit „Sehr geehrte Damen und Herren" richtig gewählt (Sie wissen ja nicht, wer Ihre Bewerbung bearbeiten wird); niemals schreiben: „Sehr geehrter Herr", „Sehr geehrte Firma" oder gar „Werte Firma" – und was ich da sonst noch alles zu lesen bekam. Warum nicht nur „Sehr geehrte Herren?" – Wir sollten uns langsam daran gewöhnen, daß auch Damen in den Büros tätig sind, und ihnen nicht das Recht auf Gleichberechtigung nehmen. Das gilt auch für Personalabteilungen und, wenn auch nicht so häufig, für Firmenleitungen.

Hinter die Anrede sollten Sie ein Komma setzen, denn Sie sollten ja nicht schon am Anfang eines Briefes „schreien" (besser gesagt: überhaupt nicht, und schon gar nicht in einer Bewerbung).

Die Grußformel

Die Grußformel lautet: „Mit freundlichen Grüßen“. Förmlicher klingt „Hochachtungsvoll“ und sollte mehr und mehr in den Hintergrund treten. „Mit vorzüglicher Hochachtung“ ist nur bei sehr großem Abstand, hoher Ehrerbietung (noch) angebracht. „Ihr sehr ergebener“ ist zu persönlich. Auch das „Ihr“ sollte man nicht verwenden.
Die Grußformel steht laut DIN 5008 – vom Text durch einen angemessenen Zwischenraum abgesetzt (auf der Maschine zweimal schalten!) – am linken Rand, nicht mehr wie früher in der rechten Hälfte des Blattes.

Der Anlagenvermerk

Ein Anlagenvermerk sagt dem Empfänger, wie viele Blätter Sie beigefügt haben und welche Schriftstücke es sind. Er steht, da die Unterschrift nach DIN 5008 jetzt links zu stehen hat, unter der Unterschrift; ist kein Platz mehr vorhanden, dann rechts neben der Grußformel.

Anlagen
Lebenslauf mit Lichtbild
3 Zeugniskopien
1 Arbeitsprobe – Werbeschreiben

Vergleichen Sie, ehe Sie Ihre Bewerbung absenden, sorgfältig diese Angaben mit den Schriftstücken, die Sie beilegen. Keines darf fehlen! Keines darf unerwähnt bleiben! Aber erwähnen Sie nicht jedes einzeln (z. B. wenn Sie drei verschiedene Zeugnisse einreichen).

Von diesem äußeren Rahmen sollten Sie so wenig wie möglich abweichen. Er gibt Ihrem Brief das Gesicht!

Achten Sie in diesem Zusammenhang insbesondere auf die *Absätze!* Immer, wenn Sie einen neuen Gedanken anpacken, müssen Sie einen Absatz machen. Hüten Sie sich aber davor, den Brief durch zu viele Absätze zu zersplittern! Aus einer guten Einteilung Ihres Schreibens sieht der Leser bereits, ob Sie in der Lage sind, Ihre Gedanken nicht nur zu formulieren, sondern auch zu ordnen (vgl. hierzu auch S. 65). Im modernen Brief beginnt jeder neue Absatz am Anfang der Zeile. Einrücken wirkt altmodisch.

b) Inhalt

Grunderfordernisse: Sachlich – wahr – nicht langatmig. Sehen wir uns zunächst ein Beispiel an:

Die Verwaltung unserer Lackfabrik liegt einige Gehminuten vom Hbf. entfernt an einer ruhigen Grünanlage.

Leiter
der Buchhaltung

Der neue Mitarbeiter soll in der Lage sein, alle buchhalterischen Aufgaben zu erfüllen, die Betriebsabrechnung zu erstellen und umfangreiche Erfahrungen in der EDV haben. Wir wünschen uns eine kontaktfreudige Persönlichkeit, die fähig ist, ihre Mitarbeiter zum gewünschten Ziel zu führen.

Auf diese Anzeige bewirbt sich Herr Groß:

Werte Firma!

Bezugnehmend auf Ihre Anzeige möchte ich mich für die von Ihnen ausgeschriebene Stelle bewerben. Ich bin seit 15 Jahren in der Buchhaltung beschäftigt und wünsche mir einen verantwortungsvollen Posten. Den von Ihnen geforderten Anforderungen entspreche ich in vollem Umfange und würde mich freuen, wenn Sie mir Gelegenheit zu einer persönlichen Vorstellung geben würden.

Schon heute versichere ich Ihnen, daß ich mich voll und ganz für Ihre geschätzte Firma einsetzen werde.

Mit vorzüglichster Hochachtung

Über den Stil dieses Briefes wollen wir jetzt noch nicht sprechen (siehe S. 77). Daß Sie nicht „Werte Firma" schreiben, wissen Sie schon. Daß der Gruß „Mit vorzüglichster Hochachtung" viel zu übertrieben ist, leuchtet Ihnen sicher auch ein. Aber hier geht es mir um etwas anderes, nämlich um den Inhalt. Er soll darlegen,

> worauf Sie die Bewerbung beziehen,
>
> warum Sie glauben, für die Stelle geeignet zu sein,
>
> wann sie frühestens eintreten können,
>
> wann Sie sich vorstellen können,
>
> ob eine Kündigung der bisherigen Stelle schon ausgesprochen ist,
>
> warum Sie die Stelle wechseln wollen.

Der kürzeste Bewerbungsbrief, den ich zu lesen bekam, lautete (Absenderangabe, Anschrift und Anlagenvermerk habe ich weggelassen):

Sehr geehrte Damen und Herren,

ich bewerbe mich auf Ihre Anzeige in der „Frankfurter Allgemeinen Zeitung" vom 21. Februar 1975.

Ihr Inserat hat mich besonders angesprochen. Ich suche ein neues Aufgabengebiet in verantwortungsvoller Position. Meine bisherige Tätigkeit ist aus meinem beiliegenden Lebenslauf ersichtlich.

Zum 31. März habe ich bei meiner Firma bereits gekündigt. Es ist mir jederzeit möglich, mich vorzustellen.

Mit freundlichen Grüßen

Die kürzeste und nicht die schlechteste Bewerbung, muß ich sagen. Sie entspricht allen Anforderungen, die ich oben gestellt habe:

> Die Verfasserin hat die Anzeige genau gelesen, auf die sie sich bewirbt;

sie hat in ihrem Lebenslauf ausgeführt, was sie als geeignet für diese Stelle erscheinen läßt;

sie sagt, daß sie frühestens ab 1. April 1975 eine neue Tätigkeit aufnehmen kann;

sie sagt, daß sie schon gekündigt hat;

sie drückt aus, was sie von ihrer zukünftigen Betätigung erwartet.

Nicht immer ist es möglich, in solcher Kürze alles Wesentliche darzustellen. In vielen Fällen muß der Bewerber weiter ausholen, um die einzelnen Punkte begründen zu können – dies ist von Beruf zu Beruf, von Arbeitnehmer zu Arbeitnehmer, von Anzeige zu Anzeige verschieden. Je mehr konkrete Voraussetzungen von Ihnen verlangt werden, um so ausführlicher müssen Sie sagen, wieso gerade Sie sich für geeignet halten.

Was den beruflichen Werdegang betrifft, so sollen Sie so viel wie möglich dem Lebenslauf (siehe S. 83) überlassen. Alle Besonderheiten, die er nicht enthält, die aber in dem konkreten Fall wichtig sind, muß das Bewerbungsschreiben darstellen.

Die Einleitung

Die Einleitung soll die Beziehung zum Angebot herstellen. Wenn Sie als Betreff etwa „Bewerbung als Werbeassistent“ geschrieben haben, dann kann der erste Satz Ihres Schreibens lauten:

Ihre Anzeige im ... vom ... hat mich angesprochen. (Datum und Zeitung genau angeben, da die Firma ja mehrfach inseriert haben könnte und gerne den Erfolg der einzelnen Werbemaßnahmen kennen möchte.)
Sie suchen in Ihrer Anzeige im ... vom ... einen Werbeassistenten, der nicht nur texten kann. Diese Voraussetzungen erfülle ich. (Nun müssen Sie das im folgenden begründen.)

Haben Sie als Betreff aber gewählt: „Ihre Anzeige in der ... vom ...“, so dürfen Sie dies in der Einleitung nicht wiederholen. Hier müssen Sie das Schreiben etwa beginnen:

Sie suchen einen Werbeassistenten, der nicht nur texten kann. Diese Voraussetzung erfülle ich. Daher bewerbe ich mich um die Stelle, die Sie ausgeschrieben haben.
Oder:
Ich bin seit 3 Jahren Werbeassistent und wünsche mir eine Stelle, in der ich dazulernen kann. Daher sende ich Ihnen diese Bewerbung.

Diese Beispiele sind nicht erschöpfend; Sie können sie durch weitere, eigene Formulierungen ergänzen, die auf Ihren speziellen Fall zugeschnitten sind.

Ist Ihre Bewerbung die Antwort auf einen Brief, der Sie zu der Bewerbung auffordert, so geben Sie Datum und Diktatzeichen genau an. Damit erleichtern Sie dem Empfänger die Bearbeitung:

> Ich danke Ihnen für Ihren Brief vom 20. Mai 1978 (Zeichen St/fo), in dem Sie mich auffordern, meine Bewerbungsunterlagen einzusenden.

Begründung Ihrer besonderen Eignung

Auf die Einleitung folgt als nächstes die Begründung, warum Sie sich für die ausgeschriebene Stelle als besonders geeignet ansehen. Diese Begründung müssen Sie auf den Text der Anzeige abstimmen. Werden genaue Einzelheiten als Voraussetzungen für den Stellenantritt genannt, so müssen Sie auf jede dieser Einzelheiten eingehen. Schreiben Sie aber nicht nur „das und das kann ich", sondern sagen Sie deutlich, warum Sie das können (falls dies nicht schon aufgrund Ihrer langjährigen Tätigkeit aus dem Lebenslauf hervorgeht). Hierzu einige Beispiele aus der Praxis:

Körperschaft des öffentlichen Rechts

sucht für das **Generalsekretariat** in München zum baldigen Eintritt

junge Personalsachbearbeiterin

Wir erwarten von unserer neuen Mitarbeiterin gute Kenntnisse auf dem Gebiet der Personalverwaltung, mit Lohnsteuer- und Sozialversicherungsrecht, sowie Steno und Schreibmaschine. Für diese Vertrauensstellung setzen wir Verschwiegenheit, Zuverlässigkeit u. Kontaktfähigkeit voraus. Wir bieten Vorteile eines mittleren Bürobetriebes in zentraler Lage, mit bestem Betriebsklima.

Neben einer der Gewichtigkeit der Position entsprechenden Vergütung nach dem Bundes-Angestellten-Tarifvertrag gewähren wir Beihilfen im Krankheitsfall, zusätzliche Altersversorgung und guten verbilligten Mittagstisch. Bitte richten Sie Ihre Bewerbung telefonisch oder schriftlich an uns

Die Bewerberin muß hier eingehen auf

a) die guten Kenntnisse auf dem Gebiet der Personalverwaltung,

b) die Kenntnisse im Lohnsteuer- und Sozialversicherungsrecht,

c) auf Steno und Schreibmaschine und

d) auf Verschwiegenheit, Zuverlässigkeit und Kontaktfähigkeit.

Das könnten Sie etwa so tun:

... Wie Sie aus meinem Lebenslauf sehen, arbeite ich seit vier Jahren im Personalbüro eines großen Konzerns. Meine Kenntnisse auf den Gebieten des Lohnsteuerrechts und der Sozialversicherung konnte ich dabei ständig beweisen. Dies zeigt auch mein Zeugnis der Firma XY (Anlage 4). Darüber hinaus habe ich mich durch Abendkurse zu diesen Themen fortgebildet (Anlagen 5, 6). In der Kurzschrift erreiche ich 160 Silben, im Maschinenschreiben 290 Anschläge in der Minute (Anlagen 7, 8).

In den letzten beiden Jahren hatte ich als Auskunftsperson auch unmittelbaren Kontakt mit den Arbeitern und Angestellten unserer Firma. Zu den übrigen Eigenschaften, die Sie verlangen, bitte ich Sie, meine Zeugnisse zu Rate zu ziehen.

Es wäre nicht richtig zu schreiben: „Ich bin verschwiegen, zuverlässig und kontaktfreudig, wie Sie es wünschen", ohne einen Beweis anzuführen. Haben Sie keine Unterlagen hierüber, so müssen Sie sich auf das Vorstellungsgespräch verlassen, das (hoffentlich) bald folgt.

Bedeutendes Industrieunternehmen mit Sitz in München sucht als Nachwuchskraft **für Führungsaufgaben** auf dem Gebiet der Organisation und Datenverarbeitung

Betriebswirt

mit ausgeprägter organisatorischer Veranlagung und einschlägiger Praxis.

Da wir eine langfristige Zusammenarbeit anstreben, sollten Sie nicht älter als 30 Jahre sein. Spezialkenntnisse sind nicht erforderlich. Wir werden Sie im Rahmen Ihrer Ausbildung gründlich auf die künftige Funktion vorbereiten. Die Position bietet sehr gute Entwicklungsmöglichkeiten bei entsprechenden Verdienstchancen. Bitte richten Sie Ihre Bewerbung mit Lichtbild, handgeschriebenem Lebenslauf und Angabe Ihrer derzeitigen Bezüge an [redacted]

Die markanten Punkte dieses Inserats sind:

Betriebswirt
Führungsaufgaben
Organisation und Datenverarbeitung
Einschlägige Praxis
Vorbereitung auf die künftige Funktion
Langjährige Zusammenarbeit.

(So sollte sich jeder, der sich auf eine Anzeige bewirbt, zunächst die wesentlichen Teile herausschreiben und sie dann zu beantworten versuchen.)

Der Bewerber muß also Praxis in Organisation und Datenverarbeitung nachweisen können und seine Bereitschaft kundtun, sich in ein Spezialgebiet einarbeiten zu lassen. Ist im Briefkopf und im Lebenslauf bereits der Titel „Betriebswirt" verzeichnet, braucht er ihn nicht mehr eigens aufzuführen (ebenso nicht das Lebensalter, das im Lebenslauf vermerkt ist). Dann genügt:

> Als Assistent des Leiters unserer Abteilung „Datenverarbeitung" habe ich seit Jahren mit den fachlichen Problemen und besonders mit der Organisation zu tun. Dies erhärtet mein Zeugnis der Firma XY (Anlage 3). Auch mir ist an einer Stelle gelegen, die keine Zwischenstation sein soll. Gerne bin ich bereit, alles hinzuzulernen, was in Ihrer Firma und Ihrer Branche von jemandem verlangt wird, der führend tätig sein will.

(Hat der Bewerber z. B. an einem Führungsseminar teilgenommen, so verdient dies hier besondere Erwähnung, auch wenn es durch ein Zeugnis nachgewiesen wird; denn Zeugnisse werden oft nicht aufmerksam genug gelesen; der Bewerbungsbrief aber kann dies in den Vordergrund rücken.)

Alles, was aus Ihrer derzeitigen Tätigkeit (und den früheren Beschäftigungsverhältnissen) in der Anzeige anklingt, sollen Sie bei der Begründung Ihrer besonderen Eignung schildern – sofern es nicht aus dem Lebenslauf schon klar hervorgeht. Da dieser aber keine Tätigkeitsmerkmale, sondern nur die Beschäftigung selbst angeben soll, dürfen Sie hier auch umfangreichere Ausführungen anbringen. Aber Vorsicht: Überfordern Sie den Leser nicht; sagen Sie ihm nur, was er wissen will!

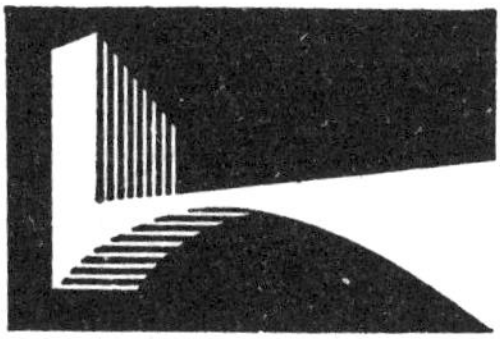

Wir suchen zum baldigen Eintritt
gewandte und fleißige

Sekretärin

die mit allen Büroarbeiten vertraut ist.

Wir bieten leistungsgerechte Bezahlung, Essengeldzuschuß und eine angenehme Zusammenarbeit. Unser Büro liegt sehr verkehrsgünstig.

Bitte richten Sie Ihre Bewerbung an

[redacted]

Telefon [redacted]

Diese Anzeige verlangt wenig Konkretes. „Mit allen Büroarbeiten vertraut" kann von Firma zu Firma recht Unterschiedliches bedeuten. Eine Bewerberin kann hier

> ihre bisherigen Haupttätigkeitsmerkmale aufzählen
> oder
> auf ihr ausführliches Zeugnis verweisen, in dem diese Merkmale genannt sind.

Ich bevorzuge die zweite Form, da niemand gerne ein und dasselbe zweimal liest. Was von der Bewerberin im einzelnen verlangt wird, ist ohnehin erst beim Vorstellungsgespräch zu klären.

Schreiben Sie jedoch nicht alles, was Sie irgendwann einmal getan haben, in die Bewerbung hinein! Überlegen Sie, was den Empfänger besonders ansprechen könnte. Alles andere muß aus dem Lebenslauf und aus den Zeugnissen hervorgehen. Wenn Sie zu viele Tätigkeitsmerkmale nennen, kommt das einem Selbstlob (siehe S. 81) gleich. Und aufdringlich wollen Sie doch nicht sein – oder? Zu lange Bewerbungen werden ungern gelesen!

Rücken Sie aber Ihre Fähigkeiten ins rechte Licht. Ich habe bereits betont: Überlegen Sie, was Sie wirklich können und was von Ihrem Können für den neuen Arbeitgeber wertvoll ist.

> „Ich bin sehr redegewandt" sollte nur schreiben, wer es durch (mindestens) ein Zeugnis belegen kann.

> „Ich habe alle einschlägigen Arbeiten stets zur Zufriedenheit meines Chefs ausgeübt" muß ebenfalls durch ein entsprechendes Zeugnis bewiesen sein. (Ob es tatsächlich *alle* erdenklichen Arbeiten waren?)

Die Motivierung des Stellenwechsels

In keiner Anzeige wird ausdrücklich verlangt, daß Sie Ihren Stellenwechsel motivieren sollen. Dennoch möchte jeder Chef, der Ihnen eine Position anbietet, gern den Grund Ihres Veränderungswunsches wissen. Aus dem Vorwort zu diesem Buch kennen Sie eine Reihe von Gründen. Sagen Sie gleich die Wahrheit, dann können Sie knifflige Fragen während des Vorstellungsgesprächs weitgehend vermeiden.

Halten Sie aber als Grundsatz fest:

> Auf keinen Fall die bisherige Firma in einem schlechten Licht erscheinen lassen!

(Wir werden uns beim Thema „Vorstellen" noch darüber unterhalten.)

Die bereits zitierte Sekretärin, die sich in beispielhaft prägnanter Kürze beworben hat (vgl. S. 64), führte in diesem Zusammenhang aus:

> Ich suche ein neues Aufgabengebiet in verantwortungsvoller Position.

Das heißt eben, daß sie bisher nicht genügend Verantwortung zu tragen hatte, daß sie es aber möchte und daß sie es sich auch zutraut. Das allein ist schon ein triftiger Grund zum Stellenwechsel.

Andere Begründungen können lauten:

> Ich möchte gerne meine Kenntnisse erweitern.
> Ich will mein Wissen auf dem Gebiet des . . . vervollständigen.
> Ich suche eine Stelle, die mir Aufstiegsmöglichkeiten bietet.
> Ich möchte in einer größeren Firma arbeiten.
> Außerdem liegt Ihre Firma für mich verkehrsmäßig besonders günstig.
> Ich habe mir als Berufsziel vorgenommen, . . . zu werden. Das Ansehen Ihrer Firma bietet mir die Gewähr, daß ich mir alles erforderliche Wissen aneignen kann.

Niemals – selbst wenn es zutreffen sollte – dürfen Sie etwa schreiben: „Ich komme mit meinem Chef und mit den Kollegen nicht aus". Oder: „Ich werde hier ständig unterdrückt". Oder: „Ich bin für meine anspruchsvolle Tätigkeit viel zu schlecht bezahlt." (Wer garantiert dem Chef, daß Sie beim nächsten Stellenwechsel von ihm und seinen Mitarbeitern nicht dasselbe behaupten?)

Und falls Ihnen *gekündigt* wurde? – Dann schreiben Sie ganz neutral: Am 30. 9. 1978 werde ich meine Tätigkeit hier beenden.

Gehaltsanspruch

Gehaltsansprüche sollten Sie nur erwähnen, falls dies in der Anzeige ausdrücklich verlangt wird. Ansonsten sind Gehaltsansprüche ein Thema für das Vorstellungsgespräch. Was aber ist zu tun, wenn es im Inserat heißt

„... unter Angabe der Gehaltsvorstellungen ...“?

Es liegt auf der Hand, daß Sie hier praktisch „nur“ zwei Fehler begehen können:

1. Sie verlangen zuviel.
2. Sie verlangen zuwenig.

Was ist „zuviel“ und was ist „zuwenig“? – Sie müssen davon ausgehen, daß Sie sich durch einen Stellenwechsel grundsätzlich nicht verschlechtern sollten. Erster Anhaltspunkt für die Gehaltsforderung ist also der augenblickliche Verdienst. Als Grundregel gilt: *Mehr verlangen!* Dabei sollten Sie sich mit *10–20% Erhöhung* bescheiden. Wichtig aber ist, daß Sie *Vergleiche anstellen:* Was verdienen Leute in meiner Position anderswo? Stellen Sie fest, daß Sie unterbezahlt sind, so wäre es falsch, nur von Ihrem Lohn oder von Ihrem Gehalt auszugehen. Dann würde sich der neue Chef höchstens freuen, eine so billige Arbeitskraft zu bekommen – und Sie würden weiterhin unter Wert entlohnt.

Über die Verdienstmöglichkeiten im allgemeinen geben Ihnen die Arbeitsämter, die Gewerkschaften, die Industrie- und Handelskammern und die Handwerkskammern Auskunft. Ebenso kann für Sie ein freimütiges Gespräch mit Arbeitskollegen oder mit Bekannten, die ähnliche Stellen innehaben, von Nutzen sein. – Es gibt allerdings Fälle, in denen Sie gewissermaßen vom „hohen Roß“ heruntersteigen müssen: Wenn Sie eindeutig *überbezahlt* sind. Seien Sie froh, daß Sie bisher soviel verdient haben. Falls Sie sicher sind (ganz sicher), daß Sie nirgendwo dasselbe Gehalt beziehen können, dann mögen Ihnen unter Umständen die Art der neuen Tätigkeit, die neue Umgebung, die neue Firma selbst schon ein Ausgleich für eine niedrigere Dotierung sein.

Eine allgemein praktikable Möglichkeit wäre, auf die Frage nach Ihrer Vorstellung über das künftige Gehalt zu schreiben:

... Zur Zeit verdiene ich DM ...

Hierauf kann sich jeder an den Fingern abzählen, daß Sie sich nicht verschlechtern wollen. Unter Umständen liegen Sie mit der angegebenen Summe nur wenig über dem, was der Chef, der einen neuen Mitarbeiter sucht, ausgeben will oder kann; Sie werden aber nicht aufgefordert, sich vorzustellen, weil Sie „zu hoch liegen". Es wäre schade, wenn Sie deshalb eine Stelle nicht erhielten, die Ihren Fähigkeiten besonders nahekäme und in der Sie vielleicht sogar so viel leisten könnten, daß Ihnen Ihr Chef nach einiger Zeit wesentlich mehr zahlt, als er ursprünglich vorhatte.

Psychologisch geschickt können Sie auch handeln, wenn Sie *zunächst* nicht mehr verlangen, als Sie jetzt schon verdienen:

> Während einer Probezeit von drei Monaten denke ich an ein Gehalt von DM . . .

Man wird daraus erkennen, daß Sie nicht von vornherein unbescheiden sein wollen; Sie überlassen dem neuen Chef, Sie zu prüfen und zu entscheiden, ob er Ihnen später mehr in die Lohntüte geben oder auf Ihr Konto überweisen will. Zugleich drücken Sie aus, wenn auch ziemlich zurückhaltend, daß Sie damit rechnen, in absehbarer Zeit mehr zu verdienen. Andererseits übernehmen Sie eine Art Garantie dafür, daß Sie sich entsprechend einsetzen können und werden; denn grundlos wird Ihnen niemand eine Gehaltserhöhung in den Rachen werfen.

Weniger verlangen? – Nein. Sollte sich bei einem Vorstellungsgespräch ein augenblickliches Minus ergeben, so prüfen Sie, ob es durch die Aussicht auf einen schnellen Aufstieg wettgemacht wird.

Äußerst ungern sehen es Firmenchefs, wenn sie auf die Bitte, Ihre Gehaltsforderungen zu nennen, ausweichen wollen, indem Sie z. B. schreiben: „Über die Höhe des Gehalts möchte ich erst bei der Vorstellung sprechen." – „Wir werden uns sicher über das Gehalt einigen." – „Was das Gehalt betrifft, so möchte ich Ihnen nicht vorgreifen." – „Ich bin sicher, daß Sie die Stelle ihrer Bedeutung entsprechend honorieren."

Wer Ihren Gehaltswunsch kennenlernen möchte, tut dies, um zu sehen, wie Sie die neue Position einschätzen, oder um zu erfahren, ob er überhaupt wegen Ihres „Preises" in Verhandlungen eintreten kann. Da sollten Sie nicht „Leine ziehen"; wer sich hier drückt, erweckt den Anschein, er könnte dies später im Beruf auch tun.

Der Eintrittstermin

Manche Firmen schreiben den Eintrittstermin in ihren Anzeigen vor, andere wieder lassen ihn unerwähnt. Wir können davon ausgehen, daß die Firmen in der Regel zum nächsten gesetzlichen Kündigungstermin die vakante oder neu errichtete Stelle besetzen wollen (es sei denn, es handelt sich um Positionen, für die eine Kündigungsfrist von sechs Wochen zum Quartalsende nicht üblich ist – besonders bei Führungskräften). *Können Sie zum gewünschten Termin eintreten, so sollten Sie dies in Ihrer Bewerbung auch sagen. Wurde keine Zeit genannt, so ist es ein Akt der Höflichkeit, zu erklären, wann der neue Chef mit Ihnen rechnen kann. Dies gilt besonders bei eigenen Anzeigen und bei Bewerbungen „ins Blaue".)*

Stoßen Sie auf eine Anzeige, die einen *wesentlich späteren als den von Ihnen vorgesehenen Eintrittstermin nennt,* so lohnt sich oft die Überlegung, ob der Wunsch, die Stelle zu wechseln, unbedingt schon in den nächsten Wochen erfüllt werden muß.

Falls nun – andererseits – eine Firma den neuen Mitarbeiter oder die neue Mitarbeiterin z. B. zum 1. Oktober einstellen will, Sie aber erst später anfangen können, so müssen Sie versuchen, entweder aus Ihrer jetzigen Firma früher auszuscheiden oder mit Ihrer Bewerbung (und vielleicht auch beim Vorstellen) einen solchen Eindruck zu machen, daß die neue Firma geneigt ist, länger als ursprünglich beabsichtigt auf Sie zu warten. – Wie Sie das anstellen sollen? Ein ehrliches Gespräch mit Ihrem jetzigen Chef kann Wunder wirken. Es ist immer ein Vorteil, im guten aus einer Firma zu scheiden. Wer vernünftig ist, wird sich überlegen: „Wenn Herr X nicht mehr bei uns arbeiten will, so hat er auch nicht mehr den Wert für uns, den wir erwarten. Also lassen wir ihn lieber gehen." Schwerer wird es sein, durch eine hervorragende Bewerbung und einen hervorragenden Eindruck bei der Vorstellung zu erreichen, daß man eine Übergangslösung wählt, um gerade Sie als neuen Mitarbeiter zu bekommen. Auch hierbei soll Ihnen dieses Buch als wertvoller Ratgeber zur Seite stehen.

Kündigung

Wenn Sie (wie unsere Sekretärin, siehe S. 64) schreiben, daß Sie bereits zum Soundsovielten gekündigt haben, so weiß der Empfänger Ihrer Bewerbung, wann Sie frühestens eintreten können; außerdem ist er sicher, daß Sie nicht nur auf Verdacht schreiben, sondern sich ernsthaft um eine Stelle bemühen. *Lassen Sie die Firma, bei der Sie sich bewerben, keinesfalls im unklaren darüber, wie lange Sie noch an Ihre bisherige Stelle gebunden sind.*

Haben Sie noch nicht gekündigt, so müssen Sie dies ebenfalls unbedingt angeben. Tun Sie es nicht, so laufen Sie Gefahr, daß der Interessent sich bei Ihrem jetzigen Chef nach Ihren Leistungen erkundigt. Und welcher Vorgesetzte wird nicht ernstlich böse, wenn er auf diesem Wege von Ihrem Plan erfährt! (Zum anderen weiß der neue Chef, daß er Sie nicht auffordern soll, sich während der Arbeitszeit vorzustellen).

Der Vorstellungstermin

Wenn Sie den Vorstellungstermin in Ihrem Bewerbungsschreiben nicht erwähnen, müssen Sie gewärtig sein, daß Sie zu einer Ihnen unangenehmen Zeit eingeladen werden, sich vorzustellen. Es ist durchaus nicht unhöflich, wenn Sie von vornherein bestimmte Termine nennen:

> Als Zeit hierfür wäre mir freitags ab 15 Uhr am angenehmsten.
> Da ich noch nicht gekündigt habe, bitte ich Sie, mich entweder nach 17 Uhr oder freitags nach 15 Uhr vorstellen zu dürfen.

Haben Sie bereits gekündigt, so muß Ihnen die Firma eine angemessene Zeit zur Bewerbung einräumen (vgl. hierzu S. 122). Sie können sich in diesem Falle auch zu einer der folgenden Formulierungen entschließen:

> An eine bestimmte Zeit bin ich dabei nicht gebunden.
>
> Bitte nennen Sie mir einen beliebigen Tag, an dem ich mich vorstellen kann.
>
> Was den Termin betrifft, so kann ich mich ganz nach Ihnen richten; nur am Montagabend besuche ich ab 18 Uhr einen Englischkurs, den ich ungern versäumen würde.

Sollten Sie noch nicht gekündigt und das auch in Ihrer Bewerbung ausgedrückt haben, so dürfen Sie nicht siegessicher schreiben, die Zeit für einen Vorstellungstermin sei Ihnen gleichgültig. Der Briefempfänger müßte sonst annehmen, Sie würden mit irgendwelchen Ausreden Freizeit verlangen. Leicht schließt er darauf, daß Sie Ähnliches einmal bei ihm selbst versuchen könnten.

Referenzen

Selten werden in einer Anzeige Referenzen (Empfehlungen maßgebender Personen) verlangt. Dennoch finden wir in Bewerbungsschreiben häufig Äußerungen wie

> Als Referenz gebe ich Herrn Dr. Meyer, Personalleiter der XY-Werke, an.
>
> Auskunft über mich geben gerne ...

Die zitierten Personen müssen über Ihre Kenntnisse, Ihre Arbeitsweise, Ihre Leistungen sowie auch über Ihre Charaktereigenschaften wirklich etwas aussagen können. Einen früheren Chef als Referenz zu benennen, ist nicht sinnvoll, denn sein Urteil geht aus dem Zeugnis hervor. Außerdem kann der neue Arbeitgeber sich bei ihm ohnehin erkundigen, da Ihre bisherigen Tätigkeiten im Lebenslauf stehen. Es muß sich also um Persönlichkeiten handeln, die Sie außerhalb Ihrer Berufstätigkeit kennen, z. B. den Leiter eines Fortbildungslehrgangs, für dessen Bestehen Sie nur ein allgemeines Zeugnis erhalten haben.

Informieren Sie sich aber *vor der Angabe der Gewährsperson in Ihrem Bewerbungsschreiben* in jedem Falle gut, ob der Betreffende eine solche Erklärung für Sie abzugeben bereit ist. Es darf auch nicht „irgend jemand" sein. (Zufallsbekanntschaften, auf einige Gespräche am gemeinsamen Urlaubsort gegründet, sind denkbar ungeeignet.)

Aus der beruflichen Stellung der Gewährsperson muß hervorgehen, daß sie zu einem entsprechenden Urteil befugt ist. – Vergessen Sie nicht, ihr zu danken, wenn Sie die Stelle erhalten. Dies könnte ja mit auf die Fürsprache zurückzuführen sein.

Zu viele Referenzen wirken aufdringlich; oft sind sie auch gar nicht nötig. Ich rate Ihnen dazu nur dann, wenn Sie eine Position von einiger Bedeutung einnehmen wollen oder wenn aus Ihren Zeugnissen (leider) nicht genügend Aussagekräftiges hervorgeht.

Die abschließenden Worte

Blaß, nichtssagend und damit abzulehnen sind Formeln wie „Ich erwarte Ihre baldige Nachricht" – „Gern erwarte ich Ihren Bescheid" – „In der Hoffnung auf eine Zusage verbleibe ich ..." – „Ich hoffe schon heute auf eine gute Zusammenarbeit" – „Ich sichere Ihnen schon heute meine tatkräftige Mitarbeit zu".

Beenden Sie Ihr Bewerbungsschreiben mit der Feststellung, wann

Sie ein Gespräch mit dem neuen Chef führen oder wann Sie frühestens in die Firma eintreten können. Das ist keinesfalls unhöflich! Auf „Blabla" legt kein Chef Wert.

Zwei Tips

1. Auf eine Anzeige sollten Sie sich möglichst umgehend bewerben, d. h. innerhalb weniger Tage. Die längste Frist, die normalerweise erwartet werden kann, ist eine Woche. Dennoch dürfen Sie auch *später noch schreiben*, wenn Sie die Verzögerung begründen können, etwa durch Urlaub, geschäftlichen Auslandsaufenthalt, Krankheit. Legen Sie das im Bewerbungsschreiben gleich zu Beginn dar. Sie sind zwar denjenigen gegenüber im Nachteil, deren Unterlagen schon geprüft werden konnten, aber vielleicht haben Sie Glück und die inserierende Firma hat sich eine längere Frist eingeräumt für ihre Entscheidung; oder sie hat noch keine abschließende Beurteilung getroffen; oder sie erhielt nur wenige Zuschriften (und die Ihre „schlägt ein").

Der Text, der Ihr Schreiben einleitet, könnte hier lauten:
Gestern bin ich aus dem Urlaub zurückgekommen; heute habe ich in der „Welt" vom Samstag, dem 28. Februar 1976, Ihre Anzeige gelesen, in der Sie einen Betriebswirt suchen.

2. Sie möchten Ihre *Bewerbungsunterlagen zurückgesandt erhalten*, falls Sie nicht berücksichtigt werden? – Ein sehr verständlicher Wunsch. Für eine Firma, die etwas auf sich hält, ist dies auch selbstverständlich. Deshalb sollten Sie nicht gleich schreiben: „Bitte senden Sie mir die Unterlagen zurück, wenn Sie mich nicht in die engere Wahl ziehen." Warten Sie lieber ein bißchen. Teilt man Ihnen mit, daß die Stelle anderweitig besetzt wurde, und liegen Ihre Schriftstücke nicht bei, dann erst verlangen Sie sie zurück. *Am besten fordern Sie aber nur die „Anlagen"*. Denn es kann nie schaden, das Bewerbungsschreiben – vielleicht auch den Lebenslauf – im Aktenschrank eines Betriebes zu wissen, dessen Chef sich möglicherweise irgendwann an Sie erinnert und der Ihnen vielleicht gerade dann eine Chance bieten kann.

c) Stil

Über den Stil läßt sich – wie über Geschmack – manchmal streiten. Ich will Ihnen an immer wiederkehrenden Beispielen zeigen,

was Sie vermeiden sollten,
wie Sie sich besser ausdrücken können.

Vermeiden Sie Floskeln

In Bewerbungsschreiben haben sich (wie in vielen Geschäftsbriefen) Floskeln eingebürgert, denen wir zu Leibe rücken wollen, weil sie nichts aussagen und nur zeigen, wie wenig eigene Gedanken der Schreiber aufbringen kann. Ich denke dabei zunächst an das Bewerbungsschreiben auf Seite 63:

1. „Bezug nehmend (viele schreiben diese Wörter auch noch falsch, nämlich zusammen!) auf Ihre Anzeige ..."

2. „... möchte ich mich für die von Ihnen ausgeschriebene Stelle bewerben."

3. „Ich ... wünsche mir einen verantwortungsvollen Posten."

4. „Den von Ihnen geforderten Anforderungen entspreche ich in vollem Umfange ..."

5. „... würde mich freuen, wenn Sie mir Gelegenheit zu einer persönlichen Vorstellung geben würden."

6. „... daß ich mich voll und ganz für Ihre geschätzte Firma einsetzen werde."

Dies ist nur eine exemplarische Auswahl von Plumpheiten, die Empfänger einer Bewerbung zu lesen bekommen. Solche Redewendungen – es gibt noch eine Menge davon – sind steif, eingefroren, tot. Sie aber wollen doch lebendig schreiben!

1. „Bezug nehmend", so fangen viele Briefe an. Im vergangenen Jahrhundert mag dies gängiger Stil gewesen sein. Heute? – Nein! (Vergleichen Sie damit die stilistisch einwandfreie Formulierung im Musterbeispiel auf Seite 65.)

2. *Möchten* Sie sich nur bewerben, oder *tun* Sie es wirklich? – Warum sagen Sie es dann nicht? Mit Höflichkeit hat diese Redewendung nichts zu tun.

3. Ein „Posten" ist ein Wachtposten beim Militär. Was Sie sich wünschen, ist eine Stelle, ein Arbeitsplatz. Auch „Position" mag noch angehen, wenn Sie schon einmal „Stelle" geschrieben haben und sich nicht wiederholen wollen.

4. „Geforderte Anforderungen" ist ein Doppelausdruck. – Es ist klar, daß Forderungen gefordert werden. Warum es zweimal sagen? „Forderungen" allein genügt.
„In vollem Umfange": Mit welchem Umfang wird gemessen? Diese Floskel wirkt abgedroschen!

5. Ob Sie sich freuen, wenn Sie zur „Vorstellung" eingeladen werden (oder nicht), wird dem Adressaten herzlich gleichgültig sein. – Auch wenn Sie z. B. sagten, Sie würden für die Firma XY gern arbeiten. Das ist doch selbstverständlich, sonst hätten Sie sich gar nicht erst zu bewerben brauchen! (Ob Sie Grund zur Freude haben, wird sich ohnehin nicht sogleich, sondern erst später herausstellen.)
Und die „persönliche Vorstellung"? – Sie sind doch kein Zirkuskünstler, der seine „Schau abzieht"! Also: „Bitte geben Sie mir Gelegenheit zu einem Gespräch." (Nicht: „... zu einem persönlichen Gespräch"; denn ein unpersönliches Gespräch gibt es wohl kaum, Personen müssen dabeisein!)

6. Was meint „voll und ganz"? Diese Redewendung hören wir täglich im Rundfunk oder im Fernsehen, wir lesen sie häufig in Zeitungen und Zeitschriften – sie wird dadurch aber nicht erträglicher. Jeder Arbeitsvertrag besagt, daß sich der Arbeitnehmer mit seiner ganzen Kraft für die Belange der Firma einzusetzen habe. Warum also diese Selbstverständlichkeit eigens erwähnen?
Und dann noch die „geschätzte Firma"! Wer schätzt sie? Der Bewerber? – Der ganze Satz entstammt einer Zeit, die längst überwunden sein sollte.

Wichtige Stilregeln

Schreiben Sie kurze Sätze! – Das bedeutet keinen Telegrammstil, sondern eine Beschränkung auf etwa zehn bis fünfzehn Wörter je Satz. (Sie brauchen aber nicht jedesmal nachzuzählen!) Niemand frißt sich gern durch Bandwurmsätze.

Drücken Sie sich exakt aus! – Reden Sie keinesfalls um den Brei herum; wählen Sie die treffenden Ausdrücke.

Meiden Sie Modewörter und abgedroschene Redensarten! – Sie zeigen mit solchen Formulierungen nicht, daß Sie sprachlich auf dem laufenden sind, sondern daß Ihnen nichts anderes einfällt als das, was man täglich hören kann. („Interessant", „prima", „hervorragend“, „direkt“, „eventuell“, „in erster Linie“, „zwangsläufig“, „groß“, „vollendete Tatsachen“, „dringendes Bedürfnis“ sind z. B. Wendungen, deren Sie sich enthalten sollen.)

Vermeiden Sie Phrasen! – „Sie dürfen versichert sein, daß ich voll und ganz . . .“ oder „Ihrer geschätzten Antwort gern entgegensehend . . .“ sind bloßes Geschwätz.

Keine Flickwörter! – Was sollen „durchaus“, „gewiß“, „irgendwie“, „gänzlich“, „in etwa“, „etwaig“ in einem klar verständlichen Text?

Keine Übertreibungen! – Nicht alles ist wirklich „selbstverständlich“; Sie sollten sich Wörter wie „natürlich“, „ganz klar“, „umfassend“, „zweifellos“ gut überlegen und sich vor Superlativen hüten: „das Größte, das Beste, weitgehendst (richtiger, aber stilistisch genauso schlecht: ‚weitestgehend‘), vollkommenst (vollkommener als vollkommen?)“.

Wiederholen Sie Wörter nur, wenn Sie etwas betonen wollen! – Suchen Sie so lange, bis Sie ein anderes entsprechendes Wort gefunden haben.

Keine Sinnverdoppelungen! – „Grundprinzip“ ist ein „Grund-Grundsatz“, denn „Prinzip“ heißt allein schon „Grundsatz“. Das gleiche gilt z. B. für „herabmindern“, „zurückerstatten“, „Rückantwort“, „Ich habe bereits schon bearbeitet“, „Ich meinerseits“, „darüber hinaus noch“. (Überlegen Sie, worin das sinnlose Zweimalsagen liegt! Vergleichen Sie dann hierzu Seite 81.)

Tätigkeiten in Tätigkeitswörtern ausdrücken! – Rücken Sie der Hauptwörterseuche energisch zu Leibe: Statt „zum Versand bringen“ heiß es schlicht „versenden“. (Und was würden Sie schreiben anstelle von „eine Vereinbarung treffen“, „in Erwägung ziehen“, „Mitteilung machen“, „zur Anwendung bringen“, „Folge leisten“, „in Wegfall kommen“, „eine Einwilligung geben“, „unter Beweis stellen“? (Vergleichen Sie die Lösungen auf Seite 82.)

Verwenden Sie Fremdwörter nur, wenn sie Fachausdrücke oder treffender als ein deutsches Wort sind. Außerdem können Sie ein Fremdwort einschalten, wenn Sie das entsprechende deutsche Wort schon einmal geschrieben haben und nun abwechseln wollen.

Schreiben Sie nicht „geschwollen“, „geschraubt“ oder „antiquiert“! – Sie erzielen damit nur eine negative Wirkung, ganz gleich, um welche Stelle Sie sich bewerben. Bleiben Sie immer sachlich-nüchtern.

Hierzu einige *„Sprach-Mumien“:*

1. Die von Ihnen ausgeschriebene Stelle findet mein Interesse.
2. Ich teile Ihnen mit, daß ich an der angebotenen Stellung interessiert bin.
3. In der Anlage überreiche ich Ihnen . . .
4. Beiliegend übersende ich Ihnen meine Zeugnisse.
5. Ich sende Ihnen drei Arbeitsproben mit der Bitte, dieselben wohlwollend zu prüfen.
6. Ich hoffe zuversichtlich auf einen positiven Bescheid.
7. Alles Nähere wollen Sie bitte meinem Lebenslauf entnehmen.
8. Weitere Einzelheiten können Sie aus dem beigefügten Lebenslauf ersehen.
9. In der Hoffnung, in Ihrem Haus angestellt zu werden, verbleibe ich hochachtungsvoll . . .
10. Ich würde mich freuen, wenn Sie mich bei Ihrer Wahl berücksichtigen würden.
11. Ich erledige einen großen Teil der anfallenden Korrespondenz selbständig.

(Versuchen Sie zunächst selbst, klare, moderne Fassungen zu finden; schlagen Sie anschließend auf Seite 82 nach.)

Noch vier Hinweise:

Schreiben Sie Ihre Bewerbung selbst! Sie brauchen die Hilfe anderer Personen deshalb nicht auszuschlagen, aber bewahren Sie Ihre Eigenart. Der Empfänger hat ein Recht darauf, Sie kennenzulernen, nicht etwa Ihren Freund. Ein Täuschungsmanöver hilft Ihnen nichts: Spätestens beim Vorstellungsgespräch stellt sich heraus, ob Sie der Autor sind. Wenn Sie meinen, Unterstützung zu benötigen, so bitten Sie Ihren Helfer, sich in Sie hineinzudenken und Ihnen zu glaubwürdigen Formulierungen zu raten.

Lassen Sie sich nur Anregungen geben, nicht einen vollständigen Text! Jeder soll sich selbst darstellen, wenn er sich bewirbt. Schreiben Sie deshalb nicht einfach ein „Muster“ ab.

Wer geschickt mit Worten umzugehen weiß, kann sich darüber hinaus *auf den Ton der Anzeige einstellen:* Wird eine nüchtern gehaltene Anzeige in die Zeitung gesetzt, so erwartet man keine eigenwillige, phantasievolle Bewerbung. Ist das Inserat aber schon durch Aufmachung und Wortwahl „ausgefallen“, so können Sie den Nagel auf den Kopf treffen, wenn Sie sich diesem Stil anglei-

„Antwort" (Eine Antwort ist immer etwas, was man zurückerhält.)
„bereits" *oder* „schon" verwenden (beides sagt dasselbe aus!)
„Ich" („meinerseits" ist überflüssig.)
„darüber hinaus" *oder* „außerdem" („noch" ist überflüssig; es ist so plump wie das umgangssprachlich-vulgäre „nicht« in „Ich" habe keine Angst nicht".)

Seite 79: (Tätigkeitswörter)

vereinbaren – erwägen – mitteilen – anwenden – folgen – wegfallen – einwilligen – beweisen

Seite 80: („Sprach-Mumien")

1. „Ich bewerbe mich hiermit als . . ." („Interesse" ist überflüssig; wären Sie an der Stelle nicht „interessiert", würden Sie die Bewerbung nicht absenden.)
2. Lösung wie bei 1. (Der Empfänger merkt selbst, daß Sie ihm etwas mitteilen.)
3. Es genügt der Anlagenvermerk am Ende des Briefes.
4. Wie bei 3. („Beiliegend« ist außerdem falsch. Dieses „Mittelwort" bedeutet, daß derjenige, der den Brief schreibt, selbst „beiliegt". Dennoch ist diese Floskel nicht totzukriegen.)
5. „Drei Arbeitsproben" (– besser ist eine genauere Angabe, also z. B.: „Drei Werbebriefe, die ich verfaßt habe" –) „zeigen Ihnen, wie ich an solche Aufgaben herantrete.«
6. Dieser Satz ist kaum zu verbessern. Er sollte wegbleiben, denn er drückt nur aus, was selbstverständlich ist: Sie hätten ja keine Bewerbung eingereicht, wenn Sie nicht auf einen „günstigen Bescheid hofften". Außerdem ist „zuversichtlich" überflüssig; „unzuversichtlich" kann keiner hoffen. – Wie Ihnen der Adressat antworten soll, dürfen Sie ihm nicht vorschreiben.
7. Auch einen solchen Satz vermeiden Sie am besten. – Sie sagen damit ja nichts anderes als „Ich schreibe Ihnen jetzt nicht mehr zu diesem Thema, lesen Sie erst einmal meinen Lebenslauf!" (Wirkt diese Formulierung nicht unhöflich? – Der Satz bedeutet doch: „Wenn Ihnen das Bewerbungsschreiben nicht genügt, so lesen Sie meinen Lebenslauf!«).
   Alles, was Sie außer Ihrem Werdegang, den Sie im Lebenslauf niederschreiben, hervorheben möchten, müssen Sie ausdrücklich nennen. Haben Sie dies getan, erübrigt sich der Hinweis auf den Lebenslauf, der ohnehin nicht fehlen darf.
   Noch eins: Die Wendung „wollen Sie" war vor fünfzig Jahren modern; heute ist sie veraltet.

chen. Aber Vorsicht: Nur wer die deutsche Sprache me beherrscht, sollte einen solchen Versuch wagen.

Kein Eigenlob – keine Unterwürfigkeit! Vermeiden Sie Üb bungen in jeder Richtung! Das Lob steht grundsätzlich nur anderen zu.

Untertanengeist wird zwar von autoritären Chefs gern ges aber davon müssen Sie sich lösen. Sie suchen doch keine Stelle, i Sie immer die Faust im Nacken verspüren. Gebärden Sie sich nicht von vornherein so, als sei dies der Grundinhalt Ihres D kens. *Fehl am Platze sind Wendungen wie* „Ich bin zweife in der Lage, Ihren Erwartungen zu entsprechen." – „Durch me bisherige Tätigkeit bin ich überzeugt, der richtige Mann für Sie sein." (Gibt es diesen *einen* überhaupt?) – „Meine umfassende Pr xis berechtigt mich dazu, mich als Bewerber vorzustellen." – „Ic bin mit allen vorkommenden Arbeiten vollkommen vertraut." „Alles, was Sie von einem ... verlangen, habe ich schon ausgeführt." – „Sie werden sehen: Ich bin der Mann, den Sie suchen!" – „Ich möchte annehmen, daß ich aufgrund meiner ausgezeichneten Erfolge auf diesem Gebiet gerade für Sie in Frage komme." – „Ich glaube von mir sagen zu können, daß ich Ihre Erwartungen nicht enttäuschen werde." – „Stellen Sie mich ein, Sie werden es nicht bereuen!" (Ja, das stand wirklich in einer Bewerbung!)

Strikt abzulehnen ist auch der Kniefall: „Daher erlaube ich mir, meine Dienste anzubieten." – „Meine Kenntnisse könnten für Sie vielleicht sehr wertvoll sein." – „Ich bin gewohnt, Anweisungen korrekt auszuführen, und erlaube mir deshalb ..." – „Es ist mir ein Bedürfnis, für Sie zu arbeiten."

Noch eins: Versuchen Sie nicht, Mitleid zu erregen. Wegen Ihrer trüben Jugend, wegen Ihres harten Schicksals oder Ihrer beklagenswerten Familienverhältnisse stellt Sie bestimmt niemand ein. Sie müssen Wissen und Können bieten.

Lösungsvorschläge zu den stilistischen Beispielen auf den Seiten 79 f.

Seite 79: (Sinnverdoppelungen)

„mindern" oder „herabsetzen" (Wäre „herabmindern" richtig, so müßte es auch das Wort „hinaufmindern" geben.)

„erstatten« oder „zurückzahlen" (Wer etwas erstattet, gibt es schon zurück.)

8. Der Sinn dieses Satzes ist der gleiche wie im Beispiel 7. – Dazu noch: Sagen Sie dem Leser nicht, was er „kann". Das weiß er selber besser. – „Ersehen" ist ein Modewort.

9. Veraltet! „In der Hoffnung" heißt, daß Sie ein Kind erwarten. – Möchten Sie „Hausangestellter« werden? – Und schließlich: Im modernen Brief darf das Ende des Textes nicht mit der Grußformel („hochachtungsvoll") verbunden werden.

10. Weglassen, da selbstverständlich.

11. „Ich bin gewohnt, selbständig zu korrespondieren". Den „großen Teil" lassen Sie ruhig weg; ist er tatsächlich so groß, so dürfen Sie das Wort „gewohnt" ohne Bedenken verwenden. Das bedeutet noch lange nicht, daß Sie *jedes* Schriftstück ohne Hilfe des Chefs anfertigen.

2. Der Lebenslauf

Aufgabe des Lebenslaufs ist es, Ihren Werdegang darzustellen: in der Familie, in der Schule, im Beruf und in sonstigen Fähigkeiten. Er hat aber nur über das Auskunft zu geben, was für den Adressaten von Bedeutung ist. (Wer sich als technischer Zeichner bewirbt, braucht z. B. nicht mitzuteilen, daß er dreimal an der Kreismeisterschaft im Kugelstoßen teilgenommen und dabei jeweils den ersten Platz errungen hat.)

Wir unterscheiden zwei Formen:

a) Stichwortlebenslauf (auch „Tabellarischer Lebenslauf" genannt),
b) Ausführlicher Lebenslauf.

Der Stichwortlebenslauf nennt dem Empfänger in einer *Übersicht* das, was Sie aus Ihrem bisherigen Leben für so wichtig erachten, daß es die Firma, bei der Sie sich bewerben, erfahren sollte. Der ausführliche Lebenslauf ist ein fortlaufender Text. Der Inhalt muß im wesentlichen dem des tabellarischen Lebenslaufs gleichen. Wird in einer Anzeige ein ausführlicher Lebenslauf verlangt, so müssen Sie sich daran halten. Wird über die Art des Lebenslaufs nichts gesagt, so können Sie diejenige Form wählen, die Ihnen besser liegt. Ich rate Ihnen für diesen Fall zum tabellarischen Lebenslauf, da er dem Empfänger eine Übersicht bietet und ihm auch zeigt, daß Sie an einem Thema das Wichtigste erkennen und daß Sie das Thema gliedern können. (Er ist zudem leichter abzufassen; denn hier kommt es nicht auf einen guten Schreibstil an.) Der Lebenslauf sollte grundsätzlich Auskunft geben über Ihre Person, Ihre Schulbildung, Ihre Berufsausbildung und Berufstätigkeit und über die Anstrengungen (Sonstiges), die Sie für Ihre Fortbildung, für die Erweiterung Ihres Wissens usw. unternommen haben.

a) Der Lebenslauf in Stichworten

L e b e n s l a u f

1. Angaben zur Person:		
Name:	Reiners, Brigitte	
Geburtsdatum:	27. 9. 1944 in Köln	
Staatsangehörigkeit:	deutsch	
Familienstand:	ledig	
Eltern:	Dr. Karl Reiners, Amtsgerichtsrat, und Maria Reiners, geb. von Mehrens	
2. Schulbildung:	1951–1959	Volksschule Köln-Kalk
	1959–1962	Handelsschule Dr. Schulz, Düsseldorf (mittlere Reife)
3. Lehrzeit:	1962–1965	Augustin-Möbelwerke AG, Düsseldorf (Kaufmannsgehilfenbrief – Industrie)
4. Berufstätigkeit:	1965–1966	Augustin-Möbelwerke AG, Düsseldorf, Sachbearbeiterin in der Abteilung Einkauf
	1966–1968	Europa-Pack AG, Düsseldorf 14 Monate Sekretärin der Abteilung Verkaufsförderung 6 Monate Sekretärin der Verkaufsfiliale Frankfurt 10 Monate Zweitsekretärin im Vorstandssekretariat
	1968–1970	Mamut GmbH, Düsseldorf Sekretärin des Kaufmännischen Leiters
5. Berufsfortbildung:	1967–1968	7 Monate Sekretärinnenlehrgang, Handelsschule Kalus, Düsseldorf (Fachzeugnis)
	1968–1969	12 Monate Englischlehrgang, Sprachenschule Dr. Herz, Düsseldorf
6. Sonstiges:	a) Sprachkenntnisse: Englisch b) Führerschein Klasse III	

Düsseldorf 16. 3. 1978
(Unterschrift)

Zu den Stichworten im einzelnen:

Name – Schreiben Sie zuerst den Familiennamen, dann – durch Komma abgetrennt – Ihren Vornamen.

Geburtsdatum – Schreiben Sie nicht einfach »20 Jahre alt«, sondern nennen Sie die genauen Daten. Der künftige Chef will über Sie bestimmt kein astrologisches Gutachten einholen, diese Angaben gehören unbedingt zur Identität einer Person.

Staatsangehörigkeit – Der Nachweis der Staatsangehörigkeit dient zur Klärung der rechtlichen Verhältnisse (Ausländer können z. B. grundsätzlich nicht Beamte bei Bundes-, Landes- oder Gemeindebehörden werden).

Familienstand – Der Familienstand sagt aus, ob Sie ledig, verheiratet, geschieden oder verwitwet sind.

Kinder? – Ich würde ihre Zahl im Lebenslauf nicht angeben, sondern dies dem Vorstellungsgespräch überlassen. Wenn Sie gut arbeiten, so wird die Zahl Ihrer Kinder für den Vorgesetzten oder für die Firmenleitung nicht ausschlaggebend sein. Natürlich ist die Angabe der Kinder (vielleicht auch ihres Alters) etwas Familiäres. Manchen Chef interessiert das auch. Dennoch wollen wir ihm dies nicht gleich »auf die Nase binden«.

Geschieden? – Unsere Zeit hat schon viele Vorurteile abgebaut. Sie wissen zwar nicht, wie es damit in diesem speziellen Fall steht. Aber warum sollen Sie nicht ehrlich sein? In einem Betrieb zu arbeiten, dessen maßgebender Mann in veraltetem Denken verhaftet ist, wird kaum das Ideale sein. Die Scheidung ist von Staats wegen möglich. Wer darf sich über ihren Grund oder ihren Wert ein Vorurteil anmaßen?

Eltern – Ob man Namen und Berufe der Eltern angeben soll, ist umstritten. Ich denke aber, Sie sollten dies nicht verschweigen. Die einen scheuen sich, zu schreiben, daß der Vater „nur" Arbeiter ist? Warum das? Wenn Sie selbst vielleicht eine gehobene Stelle anstreben, so geht doch daraus hervor – und aus Ihrem beruflichen Werdegang ebenso –, daß Sie sich emporgearbeitet haben. Andere wieder prunken gerne mit dem angesehenen Beruf ihres Vaters. (Wenn Sie dann selbst aber nichts zu bieten haben, so könnte ich mir das allerdings als Grund vorstellen, die Position des Vaters lieber nicht zu nennen.) Falls Sie aus irgendwelchen Gründen die Eltern nicht anführen wollen, wird der Lebenslauf dadurch bestimmt nicht schlechter.

Schulbildung – Vergessen Sie nicht, alle Abschlußprüfungen zu benennen (mittlere Reife, Abitur, Fachschulreife). Ob Sie Namen und Orte der Schulen angeben, die Sie besucht haben, ist weitgehend Geschmackssache. Wenn Sie glauben, es sei vorteilhaft, die Schulzeit in einer Großstadt hervorzuheben, so kann ich Ihnen recht geben. Haben Sie eine besonders renommierte Schule aufzuweisen, so erwähnen Sie ruhig auch das.

Berufstätigkeit – Der Lebenslauf muß lückenlos sein. Lassen Sie also keine Firma aus, bei der Sie einmal beschäftigt waren. Bezeichnen Sie Ihre Arbeitsstellen genau (Firmenname, Ort – nicht die Anschrift –, Ihre Berufsbezeichnung oder die Art der Tätigkeit). Für Selbständige gilt entsprechend: Zeit und Art der Tätigkeit angeben. Haben Sie freiberuflich für bestimmte Firmen gearbeitet, so ist dies ebenfalls festzuhalten.

Wer eine Zeitlang arbeitslos war, muß dies nicht angeben. Hat die Arbeitslosigkeit nicht zu lange gedauert, so bemerkt man es ohnehin nicht, wenn Sie nicht die genauen Tage des Beginns und des Endes Ihrer Beschäftigungen aufführen.

Auf den Tag genau brauchen Sie sich überhaupt nicht zu spezifizieren. Empfehlen würde ich dies nur demjenigen, der bisher kaum eine Veränderung seiner beruflichen Situation erlebt hat. Sonst zerreißen zu viele Zahlen Ihren Lebenslauf, der klar überschaubar sein soll.

Berufsfortbildung – Alle Anstrengungen, die Sie unternommen haben, um sich fortzubilden, verdienen erwähnt zu werden (Sekretärinnenkurs, Fortbildungslehrgang für Führungskräfte, Rednerseminare, Verkaufsschulung usw.). Die Dauer der Lehrgänge kann hinzugesetzt werden („1969: Drei Wochen Buchführungs-Abendlehrgang in der Handelsschule XY" – „Sechs Wochenendseminare zur Einführung in die Datenverarbeitung").

Sonstige Fortbildung – Wer sich auf Gebieten geschult hat, die nicht unmittelbar zu seiner Berufstätigkeit gehören (z. B. Sprachkurse), soll auch dies darlegen. Häufig habe ich in Lebensläufen die Rubrik „Sprachkenntnisse" eigens hervorgehoben gefunden. Dagegen ist nichts einzuwenden. Entscheiden Sie sich dazu aber nur, wenn Sie über mehr als ein Grundwissen verfügen, und führen Sie dann auch aus, wie Ihre Kenntnisse einzuschätzen sind (wenn möglich durch Auslandsaufenthalt oder Zeugnisse belegen). Vorsicht vor dem Begriff „perfekt"!

Ort, Datum und Unterschrift dürfen im Lebenslauf nicht fehlen. Eine Grußformel ist nicht am Platze.

Nicht in den Lebenslauf gehören:

Größe. (Ausnahme: Fotomodelle, Mannequins etc.)

Gesundheitszustand. (Ausnahme: Berufe mit besonderer Belastung, z. B. Entwicklungshelfer in Afrika, Ärzte, Krankenschwestern. Sie können aber auch hier auf diese Angabe verzichten, denn in solchen Fällen fordert der Arbeitgeber regelmäßig eine ärztliche Untersuchung.)

Glaubensbekenntnis. (Ausnahme: Wenn Sie an einem konfessionsgebundenen Arbeitsplatz angestellt werden wollen, z. B. als Leiter eines katholischen Jugendheimes.)

Vermögensverhältnisse. (Keine Ausnahme! Wollen Sie in ein Geschäft als Teilhaber einsteigen, so wird hierüber gesprochen werden, aber nicht in einem Lebenslauf.)

Eine weitere Form des tabellarischen Lebenslaufs

Manche Bewerber bevorzugen es, alle Daten an den linken Rand zu rücken, wie im folgenden Beispiel. Ich habe bewußt wieder diesselbe Person als Beispiel herangezogen, die den vorigen Lebenslauf (siehe S. 84) abgegeben hat. Sie können selbst entscheiden, welche Fassung übersichtlicher ist.

Brigitte Reiners

Lebenslauf

27. 9. 1944	in Köln geboren als Tochter des Amtsgerichtsrats Dr. Karl Reiners und seiner Ehefrau Maria, geb. von Mehrens
4. 9. 1951	Eintritt in die Volksschule Köln-Kalk
10. 9. 1959	Übertritt in die Handelsschule Dr. Schulz, Düsseldorf (Mittlere Reife)
1. 9. 1962	Augustin-Möbelwerke AG, Düsseldorf (Kaufmannsgehilfenbrief – Industrie)
1. 4. 1965	Augustin-Möbelwerke AG, Düsseldorf, Sachbearbeiterin in der Abteilung Einkauf
1. 2. 1966	Europa-Pack AG, Düsseldorf, Sekretärin der Abteilung Verkaufsförderung
1. 4. 1967	Sekretärin der Verkaufsfiliale Frankfurt
1. 10. 1967	Zweitsekretärin im Vorstandssekretariat
1. 8. 1973	Mamut GmbH, Düsseldorf, Sekretärin des Kaufmännischen Leiters

Und wo stehen nun Berufsfortbildung, Sprachkenntnisse, Führerschein, Familienstand, Staatsangehörigkeit? Die beiden letzten Angaben können kaum sinnvoll eingeordnet werden. Die beiden ersten müßten jetzt folgen; hier ergeben sich aber Schwierigkeiten mit der vorangestellten Datumsangabe, denn diese soll ja in einer klaren Reihenfolge stehen. Also müssen Sie das Schema, das Sie sich vorgegeben haben, durchbrechen. Ob das schön ist? – Ich empfehle Ihnen die zuerst erwähnte Form des tabellarischen Lebenslaufs.

b) Der ausführliche Lebenslauf

Wird in einem Inserat ein ausführlicher Lebenslauf verlangt, so verfassen Sie zunächst einen – tabellarischen Lebenslauf. Aber Sie liefern ihn natürlich nicht ab, sondern formulieren aus diesem „Gerippe" einen fortlaufenden Text. Für diesen gilt alles, was bereits bei den Bewerbungsschreiben über den Stil gesagt wurde (siehe S. 76).

Zusätzliche Anregungen:

Persönliche Angaben wie Familienstand, Staatsangehörigkeit können auch ans Ende gerückt werden.

Aller Anfang ist schwer! Das folgende Beispiel ist stilistisch äußerst holprig. Trotzdem liest man solche Formulierungen immer wieder: „Ich, Franz Herbert Schneider, wurde am 3. März 1938 als Sohn des technischen Zeichners Karl Schneider und seiner Ehefrau Erna, geborene Müller, in Darmstadt geboren." Besser: Der Name steht im Kopf des Blattes. Der Text lautet dann: „Ich bin am 3. März 1938 in Darmstadt geboren. Meine Eltern sind Karl Schneider (technischer Zeichner) und Erna Schneider, geborene Müller."

Absätze gliedern das Schreiben ähnlich wie beim tabellarischen Lebenslauf, nur eben nicht so übersichtlich.

Und nun zum Text:

Brigitte Reiners

L e b e n s l a u f

Ich bin am 27. September 1944 in Köln geboren. Meine Eltern sind Dr. Karl Reiners, Amtsgerichtsrat, und Maria Reiners, geborene von Mehrens.

Von 1951 bis 1959 besuchte ich die Volksschule Köln-Kalk. Anschließend trat ich in die Handelsschule Dr. Schulz, Düsseldorf, ein. 1962 erwarb ich dort das Zeugnis der mittleren Reife. Während meiner Lehrzeit von 2½ Jahren wurde ich in allen Abteilungen der Augustin-

Möbelwerke AG, Düsseldorf, ausgebildet. Vor der Industrie- und Handelskammer Düsseldorf legte ich mit gutem Erfolg die Kaufmannsgehilfenprüfung (Industrie) ab.

Am 1. April 1965 erhielt ich bei meiner Lehrfirma eine Stelle als Sachbearbeiterin in der Abteilung Einkauf.

Ab 1. Februar 1966 arbeitete ich bei der Europa-Pack AG, Düsseldorf, als Sekretärin der Abteilung Verkaufsförderung. Am 1. April 1967 wurde ich für 6 Monate als Sekretärin der Verkaufsfiliale nach Frankfurt versetzt. Nach meiner Rückkehr war ich als Zweitsekretärin im Vorstandssekretariat in Düsseldorf tätig.

Am 1. August 1973 wechselte ich zur Mamut GmbH, Düsseldorf, als Sekretärin des Kaufmännischen Leiters. Hier bin ich bis heute beschäftigt.

1970 erweiterte ich meine Kenntnisse durch den Besuch eines Sekretärinnenlehrgangs an der Handelsschule Kalus, Düsseldorf. Er dauerte sieben Monate. Ich erwarb das Fachzeugnis. 1970/71 absolvierte ich einen einjährigen Englischlehrgang an der Sprachenschule Dr. Herz, Düsseldorf, der auf meinem Schulwissen aufbaute.
Ich bin ledig, deutsche Staatsangehörige und besitze den Führerschein Klasse III.

Düsseldorf, 17. März 1978
(Unterschrift)

Alles andere, was Sie sonst noch sagen möchten, gehört nicht in den Lebenslauf, sondern in die Bewerbung!

Sie können natürlich auch andere Formulierungen wählen. Hüten Sie sich aber stets davor, zuviel zu schreiben! Entscheiden Sie selbst, ob Ihnen die folgenden Zeilen besser gefallen: „Nach achtjährigem Besuch der Volksschule trat ich in die Handelsschule ein, da mir umfangreiche, grundlegende kaufmännische Kenntnisse für meinen Berufsweg besonders wichtig erschienen. Alle drei Klassen absolvierte ich mit guten Ergebnissen. 1962 erhielt ich das Zeugnis der mittleren Reife.“ – „Am 1. August 1968 nahm ich eine Stelle als Sekretärin des Kaufmännischen Leiters der Mamut GmbH an, da mir ein sehr vielseitiger und selbständiger Arbeitsbereich geboten wurde.“

Vorteile des ausführlichen Lebenslaufs

Für den Adressaten: Er erhält neben der Bewerbung eine weitere Unterlage für Ihr sprachliches Darstellungsgeschick. Oft wird ein handschriftlicher Lebenslauf verlangt. Dieser ist in der Regel ausführlich zu gestalten (siehe hierzu S. 88).

Für Sie: Sie können zeitliche Besonderheiten in Ihrem Lebenslauf (Abweichungen von der Norm) begründen, so z. B. bei frühzeitigem Verlassen einer Schule, ohne den vorgesehenen Abschluß abzuwarten, oder bei Unterbrechung des Berufsweges durch längere Krankheit oder längere Arbeitslosigkeit. – „Die höhere Schule verließ ich nach der 10. Klasse, da mein Vater kurz vorher gestorben war und ich so früh wie möglich in unserem Geschäft mitarbeiten mußte." – „Ende 1977 wurde mein Berufsweg aufgrund eines Unfalls unterbrochen, den ich nicht verschuldet hatte. Ein dreimonatiger Krankenhausaufenthalt und die anschließende Überweisung in ein Sanatorium erlaubten mir erst im Mai 1978, mich wieder um eine Arbeitsstelle zu bemühen. Meine frühere Position war inzwischen besetzt worden; daher konnte ich bei meiner alten Firma nicht mehr beschäftigt werden." – „Während der Zeit meiner Arbeitslosigkeit vom ... bis ... hielt ich mich durch den Besuch von zwei kaufmännischen Fortbildungskursen bei ... auf dem laufenden. Außerdem erwarb ich Grundkenntnisse in der englischen Sprache in einem Lehrgang desselben Instituts."

Zum handschriftlichen Lebenslauf

In Inseraten wird häufig verlangt, den Lebenslauf handschriftlich abzufassen. Ist dies nicht ausdrücklich erwähnt, sollten Sie sich einer Schreibmaschine bedienen.

Es kann kaum widerlegt werden, daß die Handschrift gewisse Rückschlüsse auf den Charakter und auf die Arbeitsweise eines Menschen zuläßt. Ich will hier nicht näher auf die Graphologie (Handschriftenkunde) eingehen; viele Chefs halten von deren Aussagewert eine ganze Menge. Manche bilden sich selbst ein Urteil daraus, wie das Schriftbild auf sie wirkt. Andere ziehen einen Graphologen zu Rate und lassen ein Gutachten erstellen. Dagegen können Sie sich nicht wehren. Aber keine Angst: In den seltensten Fällen ist ein Chef so unvernünftig, sich allein auf ein solches Gutachten zu verlassen. (Und wer sagt Ihnen, daß es ungünstig ausfallen müßte?)

Es gibt Berufe, für die eine gut lesbare Handschrift unerläßlich ist, z. B. in der Buchhaltung, sofern dort nicht rein maschinell gearbeitet wird. Dann dient der handschriftliche Lebenslauf nicht nur – vielleicht – einem Gutachten, sondern zugleich einem maßgeblichen Eindruck über die Lesbarkeit Ihrer Schrift.

Die „schöne" Handschrift: „Schönheit" ist ein relativer Begriff. – Machen Sie sich daher keine Sorgen, Ihre Schrift könnte diesem Erfordernis nicht entsprechen. Sie braucht gar nicht „schön" zu sein, sie muß aber lesbar, sauber und ordentlich sein. Versuchen Sie nicht, dadurch etwas vorzutäuschen, daß Sie sich an Ihre Schulschrift erinnern. Der Graphologe erkennt dies unschwer, und Sie erreichen das Gegenteil von dem, was Sie anstreben. Verwenden Sie Ihre alltäglichen Schriftzüge. Auf keinen Fall Druckschrift! Und versuchen Sie nichts zu verschönern (durch Verzierungen, Schnörkel oder sonstiges Beiwerk)!

Einen Kugelschreiber sollten Sie nicht verwenden; er läßt die Handschrift meist nicht charakteristisch genug erscheinen.

Das äußere Bild. – Nicht nur die Art der Buchstaben und der Ziffern, die Sie aufs Papier bringen, prägen das äußere Bild, sondern mindestens ebenso der Gesamteindruck des Schreibens. *Zumeist wird die Form des ausführlichen Lebenslaufes verlangt, wenn er handschriftlich abgefaßt sein soll. Sie müssen den Nachteil der geringeren Übersichtlichkeit gegenüber einem maschinengeschriebenen Text dadurch ausgleichen, daß Sie besonders auf Absätze und Einrückungen achten.* (siehe auch S. 62).

Verwenden Sie *kein liniertes oder kariertes Papier*, sondern ein blankes, weißes Blatt (falls Sie kein vorgedrucktes Briefpapier besitzen). Legen Sie ein liniertes Blatt darunter. Ihre Zeilen sollen ja nicht durcheinanderpurzeln, sondern gerade sein. Der Leser muß auf den ersten Blick Ihre ordentliche Schreib- und Arbeitsweise erkennen.

c) Das Lichtbild

Das Lichtbild soll den Bewerber so zeigen, wie er ist (nicht, wie er gerne sein möchte). Es muß natürlich sein. Damit sind „Staraufnahmen“ (außer bei Mannequins) nicht am Platze. Wir können eine Reihe von Forderungen aufstellen, denen das Lichtbild genügen muß:

natürlich
neueren Datums
das Positive hervorhebend
kein Ganzfoto (Ausnahme wieder: Mannequins etc.)
kein Situationsfoto („Ich und das Rathaus“).

Sie sollten stets ein paar Fotos besitzen, die diese Voraussetzungen erfüllen. Liebhaberaufnahmen genügen meist nicht. Es lohnt sich, einen Fotografen zu beauftragen. Er hat gelernt, eine Person ins rechte Licht zu rücken. Sagen Sie ihm auch ohne Umschweife, wofür Sie das Bild benötigen. Er wird sich besonders anstrengen, Sie vorteilhaft aufzunehmen, ohne durch Übertreibungen etwas nicht Vorhandenes vorzutäuschen.

Das Foto muß besser sein als ein „gewöhnliches Paßbild“. Sicher will niemand gerne in seinem Ausweis schlecht aussehen, aber hier geht es ja um viel mehr: Sie zeigen Ihr Abbild nicht einem Polizisten oder Grenzbeamten, sondern es ergänzt den Eindruck, den Ihre Bewerbung hinterlassen soll. Lassen Sie sich zur Auswahl verschiedene Aufnahmen anfertigen. Sie sollen auf jeden Fall ruhig und bestimmt, dennoch gelöst aussehen, vielleicht auch freundlich, sicher nicht verkniffen oder unglücklich. (Ein Bild, das Sie darstellt, während Sie in einen Lachsturm ausbrechen, ist schwerlich für eine Bewerbung geeignet.) Analysieren Sie die Position, die Sie erreichen möchten, danach, welche Eigenschaften verlangt sind. Diese können im Bild vorteilhaft ausgedrückt werden.

Plazierung des Lichtbildes

Befestigen Sie das Lichtbild am Lebenslauf. Falls Sie vorgedrucktes Briefpapier mit Ihrer Anschrift verwenden, dann unter Ihrer Adresse.

Das Foto muß fest mit dem Blatt verbunden sein, also kleben wir es auf; entweder unmittelbar auf das Papier oder mit Fotoecken. Ich habe auch schon gesehen, daß das Papier des Lebenslaufs mit einigen Schnitten versehen war, durch die dann das Bild gesteckt wurde. Das halte ich für schlecht, nicht nur, weil das Bild leicht herausfallen kann, sondern weil alle Bewerbungsblätter grundsätzlich unversehrt bleiben sollten.

Zur Sicherheit versehen Sie die Rückseite des Fotos mit Ihrem vollen Namen und Ihrer Anschrift.

Größe des Lichtbildes

Nicht angeben! Postkartengröße ist bereits übertrieben. Wählen Sie die Größe eines Paßfotos, höchstens aber das Format 6×9 cm, ganz gleich, um welche Stelle Sie sich bewerben.

3. Die Leistungsnachweise

Sie müssen das Wesentliche beweisen. Nicht etwa, wer Ihre Eltern sind, sondern das, was Ihren Werdegang wirkungsvoll ergänzt. Sie haben vielleicht geschrieben, daß Sie bei der Firma XY eine umfassende Ausbildung erhielten. Ein Zeugnis über diese Zeit Ihrer Beschäftigung ist geeignet, dies zu erhärten. Außerdem sagt es dem Leser nicht nur, *daß* Sie dies oder jenes getan haben, sondern meist auch, *wie* Sie damit fertig geworden sind.

Zeugnisse

Über den Wert von Zeugnissen kann man recht verschiedener Ansicht sein. Die einen legen großen Wert darauf, daß „etwas Vernünftiges" im Zeugnis steht (schon ab der 1. Volksschulklasse), wieder andere messen ihm kaum eine Bedeutung zu, da sie meinen, subjektive Beurteilungen müßten nicht auf jeden Fall und zu jeder Zeit zutreffen.

Ehe Sie sich entscheiden, welche Zeugnisse Sie für Ihre Bewerbung auswählen, stellen Sie zusammen:

Schulzeugnisse
Zeugnisse über die Berufsausbildung
Zeugnisse über die Berufstätigkeiten, die Sie ausgeübt haben
Zeugnisse für zusätzliche Fortbildungsmaßnahmen.

In dieser Reihenfolge sollten Sie die Zeugnisse auch Ihrer Bewerbung beilegen.

Schule

Nur Schlußzeugnisse vorlegen! Was Sie am Ende der 6. Volksschulklasse geleistet haben, beeinflußt Ihre Anstellung überhaupt nicht.

Das Volksschul-Abschlußzeugnis fügt bei, wer von der Volksschule sofort ins Berufsleben eingetreten ist. (Das Berufsschulzeugnis sollte dann nicht fehlen.)

Haben Sie anschließend an die Volksschule eine Handelsschule besucht, so *können* Sie auf das Volksschulzeugnis verzichten, auch wenn es besonders gut ausgefallen ist.

Wer die mittlere Reife erworben hat, verzichtet auf das Volksschulzeugnis. Abiturienten liefern nur das Reifezeugnis ab.

Berufsausbildung

Welche Zeugnisse aus diesem Lebensabschnitt Sie abliefern, hängt davon ab, wie lange die Zeit Ihrer Berufsausbildung zurückliegt und welcher Art sie ist.

Das Lehrabschlußzeugnis ist für junge Kaufleute wie Handwerker gleich bedeutend. (Wer schon länger im Berufsleben steht, braucht dieses Zeugnis bei einer Bewerbung nicht beizulegen. Für den Kaufmannsgehilfenbrief und den Gesellenbrief gilt dasselbe.)

Zeugnisse von weiterbildenden Schulen (Fachschulen, Ingenieurschulen, Technikerschulen usw.) sollten regelmäßig vorgelegt werben. Wer ein Studium absolviert hat, wird das Zeugnis oder das Diplom für sich ins Feld führen.

Berufstätigkeit

Die Zeugnisse, die Sie aus Ihren bisherigen Beschäftigungsverhältnissen erworben haben, sind lückenlos aufzuführen, sofern nicht eines von ihnen aus dem Rahmen fällt, weil es eine berufsfremde Tätigkeit bestätigt. Jedoch könnte dies unter Umständen das Persönlichkeitsbild auch abrunden. Hier muß ich Ihnen die Entscheidung überlassen. Versetzen Sie sich in den Adressaten Ihrer Bewerbung: Kann die schriftliche Qualifikation aus einem anderen Beruf auf ihn positiv wirken, so versäumen Sie nicht, auch dieses Zeugnis mitzuschicken. (Über den Inhalt eines Zeugnisses siehe S. 123.)

Zusätzliche Fortbildung

Alles, was Sie im Lebenslauf unter der Rubrik „Sonstiges“ aufgeführt haben (außer dem Führerschein), sollen Sie belegen, sei es ein Sprachkurs, ein Fortbildungsseminar oder ein Grundkurs in Buchführung. Was Sie unternehmen, um auf dem laufenden zu bleiben, um Ihr Wissen zu erweitern, hebt Sie aus dem Kreis derjenigen hervor, die dieselben Gelegenheiten gehabt hätten, sie aber nicht ausnützten. Das muß selbst ein ausgesprochener Zeugnisgegner anerkennen. Und wenn die Bescheinigung nichts weiter beweisen sollte als Fleiß, dann ist auch dies anzuerkennen!

Sonstige Unterlagen

Auf dem Schriftstück, mit dem Sie eine Leistung nachweisen wollen, muß nicht unbedingt das Wort „Zeugnis“ stehen. Es kann auch eine Bescheinigung, eine Bestätigung, eine Urkunde sein. Alles, was Ihr Können unterstreicht, dient der positiven Beurteilung Ihrer Bewerbung.

Haben Sie für eine Arbeit einen Preis erhalten, so sagt die Bestätigung darüber genausoviel aus wie ein Zeitungsartikel, der vielleicht von einer Ihrer Tätigkeiten handelt (etwa einem Vortrag, einem Referat). Wenn Sie für eine besondere Tätigkeit Dankschreiben erhalten, so sind auch diese als Bewerbungsunterlagen für Sie günstig.

Arbeitsproben

In manchen Inseraten werden auch Arbeitsproben verlangt. Das finden wir z. B. bei Grafikern, Redakteuren, Korrespondenten, Übersetzern. Sie wissen selbst, welche Arbeiten besonders geeignet sind, Ihr Können zu belegen. Kunsthandwerker können etwa Fotos ihrer Arbeiten beilegen. Ob Sie unaufgefordert Proben Ihres Könnens abliefern sollen, läßt sich nicht einheitlich für alle Berufe beantworten. Seien Sie auf jeden Fall genügend selbstkritisch, und glauben Sie nicht, was Ihnen gefällt oder was irgend jemandem schon gefallen hat, müsse unbedingt auch einen besonderen Eindruck bei Ihrem (hoffentlich) zukünftigen Arbeitgeber hinterlassen.

Bei den meisten Berufen sind Arbeitsproben weder üblich noch sinnvoll: Sachbearbeiter, Sekretärinnen, Telefonistinnen, Lagerverwalter, Handelsvertreter, aber auch Juristen, Personalleiter, Tiefbauingenieure (um nur eine kleine Auswahl zu treffen) werden nur selten solche Beweise vorlegen.

Halten wir fest: Arbeitsproben bleiben für die meisten Berufstätigen Ausnahmen. In Einzelfällen können sie die Bewerbungsunterlagen wirkungsvoll unterstreichen.

4. Die Bewerbungsmappe

Es reicht noch nicht aus, daß jedes einzelne Schriftstück Ihrer Bewerbung für sich sauber und ordentlich aussieht; auch das ganze „Werk“ muß eine Einheit bilden und insgesamt den Empfänger beeindrucken. Daher sollten Sie niemals die einzelnen Blätter (Bewerbung, Lebenslauf, Zeugnisse) lose in einen Briefumschlag stecken und absenden. Sie müssen in einer Mappe gesammelt werden. Ich rate Ihnen, einen sogenannten Schnellhefter zu verwenden, wie Sie ihn in jedem Schreibwarengeschäft kaufen können. Wenn Sie ein übriges tun wollen, so verwenden Sie nicht irgendeine Mappe, sondern einen modernen Plastikumschlag (in dem Sie Ihre Blätter abheften, nicht lose einlegen!). Eine besondere Wirkung erzielen Sie, wenn Sie jedes Blatt in eine Klarsichthülle stecken und diese dann einheften.

Außen auf der Mappe müssen Ihr Name und Ihre Anschrift stehen, mit Maschine oder sauber mit der Hand geschrieben, aber nicht verschnörkelt oder besonders aufdringlich in die Mitte gesetzt! Ihr Lichtbild außen aufzukleben, rate ich Ihnen nicht.

Reihenfolge der Bewerbungsunterlagen

Die Reihenfolge der Bewerbungsunterlagen ist:

1. Bewerbungsschreiben
2. Lebenslauf
3. Zeugnisse, Bescheinigungen und Sonstiges
4. Arbeitsproben

Das Bewerbungsschreiben und der Lebenslauf müssen immer *im Original* abgesandt werden. Wenn Sie sich also zugleich bei zehn Firmen bewerben sollten, so dürfen Sie hier auf keinen Fall Durchschläge von Ihrem maschinengeschriebenen Text oder Kopien zu Hilfe nehmen.

Dagegen sind *Zeugnisse nie im Original* beizulegen. Ob Sie *Abschriften* oder *Kopien* anfertigen, ist gleichgültig. Der Vorteil der Kopie liegt auf der Hand: Sie gleicht getreu dem Original und braucht nicht mehr auf Fehler durchgelesen zu werden. Eine Beglaubigung können Sie sich sparen (es sei denn, in Einzelfällen würde sie verlangt; aber das kommt sehr selten vor.)

Arbeitsproben können im Original beigefügt werden, wenn mehrere Exemplare davon vorhanden sind (so z. B. bei Zeitungsartikeln, Broschüren); dennoch genügen bei nicht zu großem Umfang auch Kopien oder Durchschriften (Kunsthandwerker lassen am besten von ihrem geliebten Stück, mit dem sie ihr Können beweisen wollen, ein Foto anfertigen.)

Das Äußere der Schriftstücke

Sie sollten nur etwas abliefern, was wirklich für Sie wirbt:

Rechtschreibung und Zeichensetzung müssen besonders sorgfältig von Personen beachtet werden, die in ihrer Beschäftigung schriftliche Arbeiten zu bewältigen haben. *Sauberkeit* ist für jede Bewerbung Bedingung. Das heißt unter anderem, daß keine Schreib- oder Tippfehler zu finden sein dürfen. Streichen Sie auf keinen Fall einen falschen Buchstaben durch. Ob Sie ihn (sauber natürlich) radieren können, hängt mit von der Stelle ab, die Sie erstreben. Einer Sekretärin würde ich z. B. dringend davon abraten. Lieber nochmals schreiben! Ein Sachbearbeiter, der nicht unbedingt perfekt auf der Schreibmaschine sein muß, kann (behutsam) ausbessern. Aber nicht einfach den richtigen Buchstaben über den falschen schreiben! Auch eine Rasur darf nicht ins Auge fallen. (Und immer kann man verlangen, daß die Typen der Maschine gereinigt sind.)

Daß Farbflecken, Fingerabdrücke, Risse oder verbogene Ecken ein bezeichnendes Licht auf den Bewerber werfen, brauche ich hoffentlich gar nicht erst zu begründen. Es gibt keinen Chef, dem Sauberkeit bei seinen Untergebenen gleichgültig ist!

Vergessen Sie auch nicht, daß es üblich ist, jedes Blatt nur auf der Vorderseite zu beschreiben. An diese Gepflogenheit müssen Sie sich halten, wenn Sie nicht sofort beim Empfänger Abneigung hervorrufen wollen.

5. Die Bewerbung ohne Unterlagen (Kurzbewerbung)

Wir sind bisher stets davon ausgegangen, daß eine Bewerbung nicht nur aus einem Brief besteht, in dem Sie Ihr Interesse an einer neuen Arbeitsstelle bekunden. Dennoch gibt es hiervon Ausnahmen:

1. *Die Kurzbewerbung.* – In letzter Zeit verlangen Firmen häufig in ihren Anzeigen häufig „Kurzbewerbung". Das bedeutet für Sie, daß Sie sich zunächst Lebenslauf, Zeugnisse, Leistungsnachweise sparen können. Ein sauberes Bewerbungsschreiben genügt. Es muß aber den oben genannten Erfordernissen (siehe S. 59) entsprechen (falls Sie einen Stichwortlebenslauf dazulegen, haben Sie bestimmt auch keinen Fehler begangen).

2. *Bewerbung in der eigenen Firma.* – Hierüber haben wir schon in einem früheren Kapitel gehört (siehe Seite 48).

3. *Bewerbung auf Hörensagen.* – Ein Bekannter erzählt Ihnen, in der Firma Y werde eine Stelle frei, die Ihren Kenntnissen entspreche. Sie wissen nicht, ob man bereits durch eine Anzeige jemanden gesucht hat, ob ein Mitarbeiter in diese Position aufsteigen soll oder ob die Stelle überhaupt neu besetzt wird. Sie wollen aber die Gelegenheit wahrnehmen.

   Nun könnten Sie einfach einen Brief schreiben und fragen, ob Sie sich bewerben sollen. Davon rate ich Ihnen ab. Bewerben Sie sich ruhig schon jetzt, aber behalten Sie alles außer dem bloßen Schreiben zurück. Fragen Sie an, ob Sie weitere Unterlagen einsenden sollen. Im übrigen halten Sie sich an das, was bereits über die Bewerbung gesagt wurde (siehe S. 57).

4. *Bewerbung mit Coupon.* – Große Firmen suchen häufig in ein und derselben Anzeige neue Mitarbeiter für mehrere Berufe. Sie drucken dann in ihrem Inserat einen Abschnitt ab, den Sie abtrennen und ausgefüllt einsenden können. Je nachdem, welche Tätigkeit Sie anstreben, sendet man Ihnen Unterlagen, aus denen Sie sich frühzeitig darüber informieren und klarwerden können, ob Sie sich ernstlich bewerben wollen. Möglicherweise will man auch nicht zuviel zu lesen bekommen und bietet Ihnen sogleich einen Besprechungstermin an.

   Schneiden Sie diesen Coupon aus, kleben Sie ihn auf eine Postkarte; aber versäumen Sie nicht, ein paar nette Zeilen dazuzuschreiben. (Ich denke, daß ein kurzer Bewerbungsbrief, wie ich ihn auf Seite 64 zitiert habe, hier am Platze wäre.) Begnügen Sie sich keinesfalls damit, den meist sehr kleinen Abschnitt nur in einen Briefumschlag zu stecken. Sie wollen doch Eindruck machen!

Wir suchen Herren für

Ingolstadt	**Landshut**	**Freising**
Pfaffenhofen	**Moosburg**	**Erding**
Schrobenhausen	**Mühldorf**	**Ebersberg**

Ihre Bewerbung machen wir Ihnen leicht, füllen Sie nur den anschließenden Abschnitt aus und senden Sie uns diesen zu. Wir vereinbaren dann kurzfristig einen ersten Besprechungstermin.

COUPON FÜR KURZBEWERBUNG

Name	Wohnort
Geburtsdatum	Straße
Beruf	Tel. erreichbar

In dem vorstehend wiedergegebenen Inseratteil wurden Herren für den Außendienst gesucht. Je nachdem, wo sie ihren Wohnsitz hatten, wurden sie von dem zuständigen Bezirksvertreter zu einem Gespräch eingeladen. Ihm war es überlassen, den Bewerber einzustellen, nachdem er ihn kennengelernt hatte. Schriftliche Unterlagen über den Bewerber mußte er sich allerdings jeweils selbst anfertigen, wenn sich jemand vorgestellt hatte.

Dagegen dient ein Coupon wie der folgende der reinen Information. Hier wird keine Bewerbung verlangt. Verzichten Sie in einem solchen Fall dennoch nicht auf den Begleitbrief!

Unverbindliche Anfrage

Informieren Sie mich über die Arbeit eines

....

Name ....

Anschrift ....

Telefon S14

Unvollständige Bewerbungsunterlagen bringen Sie in allen anderen Fällen (die nicht unter 1. bis 4. genannt wurden) in die Gefahr, ausgesondert zu werden. Zuerst kümmert man sich um diejenigen, die alles so dargestellt haben, wie der Inserent es wünscht. Wer nur einen Bewerbungsbrief in den Briefkasten gesteckt hat, muß in seinem Schreiben schon etwas Besonderes, ja Außergewöhnliches, erwarten lassen, wenn er damit rechnen möchte, zu einem Gespräch eingeladen zu werden oder überhaupt in die engere Wahl zu kommen. Ist unter denjenigen Personen, die vollständige Unterlagen geliefert haben, ein geeigneter Bewerber, so rangieren Sie sofort unter „Ferner liefen“.

6. „Bewerbung nur schriftlich an ...“

Halten Sie sich an die Wünsche des Inserenten. Wer schriftliche Bewerbung erwartet, will nicht, daß er angerufen wird. Sie können damit nichts beschleunigen oder für sich herausholen. Im Gegenteil: Man wird Ihnen ein solches Verhalten fast immer als Aufdringlichkeit auslegen, und Sie haben damit gleich ein paar Minuspunkte gesammelt. – Gibt die Firma in ihrer Annonce dennoch zugleich ihre Telefonnummer an, so kann dies zwei Gründe haben: Entweder will man Ihnen Gelegenheit geben, Rückfragen über Einzelheiten anzustellen, die nicht aus der Anzeige hervorgegangen sind, oder der Anzeigenaufgeber hat sich nicht allzuviel Gedanken gemacht und einfach aus Gewohnheit zum Namen und zur Anschrift der Firma auch die Telefonnummer gesetzt.

Nicht immer also und nicht für jeden sind so viele „Formalitäten" notwendig, um (vielleicht) zu einer neuen Stelle zu kommen. Oft genug finden wir in einer Anzeige den Vermerk „Bitte rufen Sie uns an". Dann erwartet diese Firma keine Bewerbungsmappe von Ihnen.

Für bestimmte Personenkreise erübrigt sich von vornherein eine ausführliche Bewerbung, z. B. für Reinigungsfrauen, Hilfsarbeiter, kurzfristige Aushilfskräfte.

Noch ein Grundsatz:

> Nehmen Sie sich Zeit für Ihre Bewerbung – gleichgültig, ob Sie eine Anzeige anfertigen oder ob Sie einen regelrechten Bewerbungsfeldzug starten! Nehmen Sie alles ernst, und behandeln Sie nichts als nebensächlich. Ihr Beruf, Ihr Aufstieg sind keine Nebensache; sie bestimmen Ihr Leben mit! Sie können Ihren Erfolg planen!

III. Zwei Reaktionen auf Ihre Bewerbung

„Wir senden Ihnen Ihre Bewerbungsunterlagen wieder zurück, da wir uns inzwischen anderweitig entschieden haben."

Denken Sie an das, was ich Ihnen bei der erfolglosen Eigenanzeige gesagt habe: Werfen Sie nicht gleich die Flinte ins Korn; bleiben Sie „am Ball"! Es muß durchaus nicht sein, daß Sie etwas falsch gemacht haben; vielleicht ist ein qualifizierterer Bewerber aufgetreten. Das ist nur natürlich und vor Ihnen schon Tausenden passiert. Dennoch lohnen sich ein paar Gedanken zum Thema: „Was kann ich eigentlich – wo und als was soll ich mich bewerben?"

„Wir danken Ihnen für Ihre Bewerbung. Bitte rufen Sie unser Personalbüro an, damit wir einen Termin für ein Gespräch festlegen

können." Oder (falls Sie geschrieben haben, daß Sie an keine Zeit gebunden seien): *„Bitte kommen Sie am . . . um . . . Uhr zu einem Gespräch in unsere Personalabteilung zu Herrn X."*

Ihre Stimmung steigt – besser nicht ins Unermeßliche! Noch haben Sie die Stelle nicht, aber Sie sind in die engere Wahl gekommen. Wie viele es außer Ihnen noch sind? – Sie wissen es nicht. Vielleicht haben Sie aber schon viele Interessenten ausgestochen?

IV. Das Vorstellen

Haben Sie einen Termin in der Tasche, an dem Sie vor das prüfende Auge des (vielleicht) neuen Chefs treten sollen, so lassen Sie dies nicht auf sich beruhen, sondern seien Sie besonders höflich. Wenn zwischen heute und dem Tag, an dem Sie sich vorstellen sollen, so viel Zeit bleibt, daß ein Brief die Firma erreicht, so bestätigen Sie den Termin schriftlich:

„Ich danke Ihnen für die Einladung, mich am . . . vorzustellen. Ich werde mich um . . . Uhr bei Herrn X melden."

„Wir haben heute telefonisch vereinbart, daß ich mich am . . . um . . . Uhr bei Ihnen vorstellen soll. Diesen Termin bestätige ich hiermit."

Und falls Ihnen der anberaumte Zeitpunkt ungelegen ist? – Dann haben Sie entweder in Ihrem Bewerbungsschreiben geschwindelt oder es ist etwas „dazwischengekommen". Bedenken Sie, wie bedeutungsvoll der Tag, an dem Sie sich vorstellen, für Ihr berufliches Fortkommen sein kann. Sagen Sie alle anderen Vereinbarungen ab, wenn Sie das irgend tun können. Ist dies gar nicht zu vermeiden (Sie müssen z. B. für Ihre jetzige Firma an einer Tagung teilnehmen), so rufen Sie sofort beim Absender des Briefes an und machen Sie ihm klar, warum Sie den gewünschten Termin nicht wahrnehmen können. Es darf sich aber nur um eine Besonderheit handeln, für die der andere Verständnis haben muß (so für die Tagung; zu der Teilnahme sind Sie dort nämlich aufgrund Ihres noch gültigen Arbeitsvertrages verpflichtet). Private Gründe müssen weitgehend ausscheiden!

1. Die Vorbereitung

Bisher kennt Sie derjenige, der die Stelle angeboten hat, nur aus Ihren schriftlichen Äußerungen und von Ihrem Lichtbild her. Sie haben jedenfalls einen positiven Eindruck hinterlassen. Diesen müssen Sie nun bestätigen und festigen. Und Sie kennen „ihn“ nur aus einer Anzeige oder vom Hörensagen oder als Konkurrenten Ihrer jetzigen Firma oder auch, weil er allgemein bekannt ist. Das Vorstellungsgespräch dient dazu, sich näher kennenzulernen. Die andere Seite hat von Ihnen schon Wesentliches erfahren. Wissen Sie aber schon genug?

Erkundigungen über die neue Firma

Sie sind hier nicht nur auf das Vorstellungsgespräch angewiesen; schon vorher können Sie sich Kenntnisse verschaffen, die Ihnen einige Klarheit über den zukünftigen Gesprächspartner geben oder die Ihre bisherige Einstellung ihm gegenüber bestätigen, aber auch verändern können:

Das *Handelsregister* beim zuständigen Amtsgericht können Sie kostenlos einsehen. Darin sind alle wichtigen Angaben über Firmen vermerkt, die im Bereich des Amtsgerichts ihren Sitz haben. Sie finden z. B.: Art der Firma; Geschäftsgegenstand; Namen der Inhaber und Gesellschafter, Geschäftsführer oder Vorstandsmitglieder; Zweigniederlassungen; bei Kapitalgesellschaften die Höhe des Kapitals; Kommanditeinlage, Prokura; Gründungstag; Konkurs; Vergleich; Liquidation; Löschung. Was Sie aus dem Handelsregister erfahren, sind objektive Eintragungen, ungetrübt von Meinungen, Behauptungen, Ansichten.

Die *Industrie- und Handelskammern* geben Auskünfte über Firmen, die zu ihrem Bereich gehören.

Die *Handwerkskammern* können Ihnen etwas über handwerkliche Betriebe sagen.

Die *Gewerkschaften* unterrichten ihre Mitglieder über Firmenbesonderheiten.

Wenn Sie jemanden kennen, der in der betreffenden Firma arbeitet, besteht sogar die Möglichkeit, etwas über Firmenbräuche, sonstige Eigenarten oder etwas über das Betriebsklima zu erfahren. Daß Sie nicht alles für bare Münze nehmen dürfen, müssen Sie aber berücksichtigen. Zu oft sind solche Auskünfte subjektiv gefärbt. Was für den Inhaber einer bestimmten Arbeitsstelle gilt, muß sich für den in einer anderen Abteilung Schaffenden nicht ebenso darstellen.

Ein *Auskunftsbüro* einzuschalten, rate ich nur demjenigen, der sich um eine leitende Stelle bemüht. Bis dieses ein brauchbares Ergebnis vorliegen hat, wird zumeist einige Zeit vergehen. Daneben sind auch die Kosten nicht unerheblich.

Wonach könnte ich gefragt werden?

Je besser Ihre Bewerbung und Ihr Lebenslauf (mit den Leistungsnachweisen) den Adressaten informiert haben, desto weniger Fragen wird er Ihnen stellen. Das kann zunächst als Regel gelten; doch dürfen Sie sich nicht zu sehr darauf verlassen. Vielleicht werden an einem Tag mehrere Bewerber eingeladen, und der Mann, der das Gespräch mit Ihnen führt, weiß all das nicht auswendig, was ihm geschrieben wurde. Möglicherweise hat er die Bewerbung vor sich liegen, blättert darin und übersieht einiges. Dann müssen Sie in der Lage sein, prompt zu antworten. Selbstverständlich darf keine Aussage dem geschriebenen Text widersprechen.

> Also: Lesen Sie nach, was Sie schriftlich niedergelegt haben, und zwar noch kurz vor dem Vorstellungstermin!

Meine jetzige Tätigkeit. – Selbst wenn Sie in der Bewerbung einen Abriß hierüber gegeben haben, läßt man sich von Ihnen gerne mehr erzählen. Dabei ist herauszuhören, worauf Sie selber besonderes Gewicht legen. Oft fehlt bei der Bewerbung noch das letzte Arbeitszeugnis, weil Sie es erst beim Ausscheiden erhalten. Ein Zwischenzeugnis haben Sie vielleicht nicht beigelegt, da Sie noch gar nicht gekündigt haben. Dann muß der Gesprächspartner Ihre Ausführungen in Gedanken mit den eigenen Absichten vergleichen können, die er für die Besetzung der offenen Stelle hat. Sie müssen frei und ohne Stocken über Ihr jetziges Aufgabengebiet berichten können.

> Legen Sie sich rechtzeitig – schriftlich – eine Aufstellung aller Tätigkeiten zurecht, die Sie ausgeführt haben. Lesen Sie diese Aufstellung mehrmals durch, damit Sie auch nichts Wichtiges in Ihrem Gespräch vergessen!

Meine jetzige Firma. – Ihr Gesprächspartner wird etwas über Größe und Organisation Ihrer bisherigen Firma erfahren wollen. Daß Sie darüber Bescheid wissen, kann ich wohl voraussetzen. Bleiben Sie in derselben Branche, so werden Einzelheiten aus dem Arbeitsbereich Ihres jetzigen Betriebes auch zur Sprache kommen. *Hüten Sie sich vor zwei Dingen:*

1. Betriebsgeheimnisse auszuplaudern
2. die Firma in einem schlechten Licht erscheinen zu lassen!

Man darf nichts aus Ihnen herauslocken können, was Ihrem noch gültigen Arbeitsvertrag zuwiderliefe. (Vielleicht lesen Sie ihn zur Sicherheit vorher nochmals durch!) Und ziehen Sie nicht über Ihre Firma oder Ihren Chef her! Das wäre einer der größten Fehler, die Sie begehen können. Nichts liegt näher, als daß sich der andere denkt: „Aha, so spricht Herr X also über uns, wenn er einmal ausscheiden sollte." – Schon mancher Bewerber hat auf diese Weise endgültig alle Chancen verspielt.

Auch falls Sie vor Wut über eine schlechte Behandlung beben, auch wenn diese der Grund für Ihren Stellenwechsel sein sollte: Es wäre psychologisch höchst unklug, dies auszuschlachten. Dasselbe gilt, wenn Sie zu einem Konkurrenzunternehmen gehen wollen. Natürlich möchte man hier besonders viel hören. Bleiben Sie aber stets zurückhaltend, und versuchen Sie nicht, sich auf Kosten der alten Firma ins Rampenlicht zu spielen. Ein bißchen Diplomatie – Sie brauchen ja nicht gleich faustdicke Lügen aufzutischen – macht sich bezahlt!

„Warum wechseln Sie die Stelle?" – Sie sollten dies schon in Ihrer Bewerbung ausgedrückt haben. Merken Sie sich bitte zusätzlich:

Bleiben Sie im Gespräch unter allen Umständen bei dem, was Sie wohlüberlegt geschrieben haben!

Lassen Sie sich nicht dazu verleiten, weitere Argumente ins Feld zu führen. Man wird sonst denken: „Warum hat er denn das in der Bewerbung nicht gleich gesagt?" – Die Freude, Sie ausgequetscht zu haben, brauchen Sie dem Gesprächspartner auch nicht zu bereiten.

Die Frage kann ebenso lauten: „Warum sind Sie nur so kurz bei dieser Firma geblieben?" oder „Was hat Sie bewogen, so lange bei dieser Firma zu bleiben?" – Auch hier müssen Sie eine Antwort parat haben. Daß ich Ihnen keine in den Mund legen kann, sehen Sie sicher ein; denn es gibt zu viele mögliche Gründe (nicht Ausreden!) dafür.

Haben Sie z. B. in Ihrer Bewerbung geschrieben, daß Sie bei Ihrer jetzigen Firma keine Aufstiegsmöglichkeit sehen, so müssen Sie erklären können, warum Sie doch so lange Zeit gezögert haben, die Stelle zu wechseln. (Vielleicht hat man Ihnen die Höhergruppierung immer wieder versprochen, vielleicht war ursprünglich eine Ausdehnung Ihres Arbeitsfeldes vorgesehen.) Haben Sie sich sehr schnell wieder von einer Firma abgewandt, so könnte Ihnen das als Unbesonnenheit, Unbeherrschtheit, mangelnde Übersicht, zuwenig Geduld ausgelegt werden. Die wohl beste Erklärung für ein solches Verhalten ist das Angebot der neuen Firma, das Ihnen so günstig erschien, daß Sie die Bewerbung gewagt haben.

Meine Ausbildung. – Oft reicht ein Vorstellungsgespräch bis in die Schulzeit zurück. Es ist nicht angebracht, nun „Heldentaten" oder Streiche zu erzählen; denn die sachliche Atmosphäre soll bei aller Gelöstheit gewahrt werden. Man könnte sonst darauf schließen, daß Sie leicht ablenkbar sind und zu schwätzen lieben.

Hat es einen „Knick" in Ihrer Ausbildung gegeben, haben Sie im Studium umgesattelt oder Ihren Beruf ganz gewechselt, so müssen Sie dies plausibel begründen können. „Es hat mir einfach keinen Spaß mehr gemacht" klingt schnoddrig. Sagen Sie etwas, das für Sie positiv wirkt: „Ich habe erkannt, daß meine Fähigkeiten und Neigungen auf einem anderen Gebiet liegen." (Das können Sie auch tun, wenn Sie dazu gezwungen wurden, einen bestimmten Beruf zu ergreifen, den Sie nie richtig lieben lernten. Ein später Entschluß ist besser als gar keiner!)

„Können Sie . . .?" – Eigentlich heißt die Frage: „Trauen Sie sich . . . zu?" Es ist klar, daß der Frager ein Ja erwartet. War seine Anzeige, auf die Sie sich beworben haben, eindeutig abgefaßt, so hat er darin schon gesagt, was er von Ihnen erhofft. Nun aber will er in Einzelheiten gehen. Er weiß recht genau, was er von der Person verlangt, die die Stelle einnehmen soll. Haben Sie sich nicht auf ein Inserat beworben, sondern selbst eine Anzeige aufgegeben, so müssen Sie soviel wie möglich über jene Firma, ihre Gliederung, ihr Betätigungsfeld, ihre Dienstleistungen oder Erzeugnisse wissen, damit Sie diese Frage ohne Stocken beantworten können. Die beste Vorbereitung: Sich ausreichend über die Firma informieren!

Persönliche Fragen. – Ist jemandem ernstlich an Ihrer Mitarbeit gelegen, so wird er auch Ihre persönlichen Verhältnisse näher kennenlernen wollen. Selbst wenn einiges schon im Lebenslauf steht, müssen Sie sich darauf gefaßt machen, auf Fragen antworten zu sollen wie:

„Sind Sie verheiratet?"
„Haben Sie Kinder?"
„Besitzen Sie ein Auto?"
„Was treiben Sie denn so an den Wochenenden?"
„Was tun Sie in Ihrer Freizeit am liebsten?"
„Wo wohnen Sie eigentlich, und wie?"

Antworten Sie dann ohne Umschweife, und erzählen Sie keine großen Geschichten über Ihre Familie, Ihren Pudel, Ihre Basteleien, Ihre Wanderungen und sportlichen Erfolge (oder was Ihnen sonst noch alles in den Sinn kommen könnte)!

„Nebensächliche" Fragen. – Wer einen Bewerber vor sich hat, ist oft unwahrscheinlich erfindungsreich, was die Gesprächsthemen betrifft. Ob es sich um besonders leutselige Personen handelt, ob der andere nur eine Einleitung oder einen Anknüpfungspunkt sucht; ob er sich „einfach mal so" mit Ihnen unterhalten möchte, ob er schon jetzt möglichst viel von Ihren Ansichten zu allen möglichen Dingen erfahren möchte oder ob er zufällig gerade viel Zeit hat – eine Vorbereitung auf solche Fragen und Themen ist nicht möglich!

„Schwache Punkte" in der Bewerbung. – Lesen, ja studieren Sie Ihre Bewerbung nochmals aufmerksam, ehe Sie sich vorstellen. Sie wissen selbst, wo Sie sich schwergetan haben, eine passende Formulierung zu finden, wo Sie am liebsten etwas anderes geschrieben hätten, wo Sie bewußt etwas weggelassen haben. Vielleicht fällt Ihnen dann auf, daß Sie etwas völlig übersehen haben, auf das die Gegenseite Wert legen könnte. *Richten Sie Ihr Augenmerk auf diese Punkte, und stellen Sie sich auf Fragen hierzu ein!* Damit Sie sich nicht drehen und wenden müssen, sollten Sie die Antworten auf diese „schwachen Punkte" besonders reiflich überlegen! Fragt man Sie nicht „einschlägig", dann kann Ihnen ein Stein vom Herzen fallen. Und sonst: Sie sind ja vorbereitet!

Halten Sie die Augen offen! – Sehen Sie sich den Betrieb an. Einen ersten Eindruck gewinnen Sie schon auf dem meist kurzen Weg vom Haustor bis zum Sessel des Chefs. Auf Ihren Wunsch hin wird man Ihnen wohl auch den Arbeitsplatz bereits jetzt zeigen. Sie sehen dann selbst, wie die Firma eingerichtet ist, mit wem Sie in einem Zimmer sitzen, wie die Arbeitsstelle beschaffen ist, ob Sie bei Tages- oder Kunstlicht tätig sein sollen, ob Sie auf einen trostlosen Hinterhof oder in einen Park blicken, ob der Arbeitsplatz altmodisch oder modern eingerichtet ist.

Aus diesen Gründen sollte auch das Vorstellungsgespräch stets in den Räumen der Firma stattfinden. Nur wer keinen festen Arbeitsplatz haben wird (z. B. ein Handelsvertreter), kann sich zur Besprechung in ein Hotel einladen lassen. Verlangt man das von Ihnen, obwohl Sie an einem ganz bestimmten Schreibtisch sitzen werden, so mag dies noch angehen, wenn eine Firma neue Räume bezieht, die gerade noch nicht eingerichtet sind. Ansonsten dürfte sich niemand schämen müssen, Bewerber bei sich zu empfangen.

Was ist im Vorstellungsgespräch zu klären?

Das Vorstellungsgespräch soll Sie genau über alles informieren, was Sie an der neuen Arbeitsstelle erwartet. Meist werden die wesentlichen Dinge (oder diejenigen, die der Chef dafür hält) ohnehin angesprochen. Nach allem, was nicht eindeutig geklärt wird, Ihnen jedoch für Ihre Entscheidung über den Stellenwechsel wichtig erscheint, müssen Sie unbedingt fragen. Folgende Punkte sollten grundsätzlich behandelt werden:

1. Aufgabengebiet
2. Aufstiegsmöglichkeiten
3. Genaue Stellenbezeichnung
4. Arbeitsplatz
5. Vorgesetzte, Kollegen, Untergebene
6. Bezahlung
7. Weihnachts- oder Urlaubsgeld
8. Zuschüsse für Essen, Fahrtkosten; Trennungsentschädigung
9. Sonstige soziale Leistungen
10. Arbeitsmaterial, Maschinen
11. Arbeitszeit, Überstunden
12. Urlaub
13. Antrittstermin
14. Probezeit
15. Kündigungsfrist
16. Erlaubte Nebentätigkeiten (falls beabsichtigt) und Wettbewerbsverbot
17. Unterstützung bei der Wohnungsbeschaffung (falls erforderlich)

Machen Sie sich rechtzeitig klar, welche Mindestforderungen Sie stellen und worauf Sie notfalls verzichten würden, falls dafür andere Vorteile geboten werden. Jeden der genannten Punkte sollten Sie in einer „Dringlichkeitstabelle" einordnen, und zwar in zwei Rubriken: „Unbedingt" und „Möglicherweise". Das hilft Ihnen sehr, wenn sich im Gespräch Änderungen ergeben sollten. Diese Aufstellung ist gewissermaßen Ihr „Schlachtplan"!

Nicht für jeden sind alle diese Punkte gleich wichtig. Überlegen Sie daher, ob Sie sich nicht eigens nach dem einen oder anderen zu erkundigen brauchen.

Sachbearbeiter, Sekretärinnen und Stenotypistinnen werden wohl fragen, in welcher Weise Briefe diktiert zu werden pflegen (Stenogramm oder Diktiergerät?); einen Lagerverwalter berührt das weniger. – Wer handwerklich zu arbeiten hat, wird die Geräte, die ihm zur Verfügung stehen, für besonders wichtig erachten. – Angestellte und Arbeiter, die keine leitende Funktion ausüben, brauchen sich nach den Kündigungsfristen nicht zu erkundigen, da sie gesetzlich vorgeschrieben sind und da Ausnahmen nur für die Inhaber gehobener Stellungen gemacht werden.

Wer gewillt ist, Überstunden zu leisten, wird nach dem Entgelt fragen; wer sie nicht in seine Rechnung einbeziehen möchte, tut gut daran, vorsichtig abzutasten, ob solche zusätzliche Anforderungen zu erwarten sind. – Ein Personal-, Verkaufs-, Buchhaltungsleiter darf dieses Problem sicher nicht anschneiden; von ihm wird aufgrund seiner Position verlangt, daß er der Firma auch außerhalb der normalen Bürostunden (in Maßen) zur Verfügung steht.

Sie sehen also: Es ist wichtig, daß Sie sich jede dieser Fragen etwas überlegen. Vielleicht befürchten Sie jetzt, eine wichtige Einzelheit zu vergessen. Hier kann ich Ihnen leider keinen Trost verabreichen; denn das sollte Ihnen einfach nicht passieren! Ebensowenig ist anzuraten, einen Zettel mit all den Merkmalen mitzubringen und während des Gesprächs darauf etwas zu notieren. (Die Welt ist noch lange nicht verloren, wenn Sie doch etwas übersehen haben sollten. Rufen Sie an, oder schreiben Sie einen kurzen Brief. Bitten Sie, das noch nicht Besprochene nachträglich zu klären.)

Überlassen Sie diese wichtigen Erörterungen nicht etwa dem Arbeitsvertrag, den man Ihnen vorlegt (und den Sie im Zweifelsfall doch nicht genau genug lesen) oder später zuschickt. Prägen Sie sich die entsprechenden Bestimmungen in dem jetzt noch für Sie gültigen Arbeitsvertrag ein, und vergleichen Sie die neuen Bedingungen damit.

Nochmals: Was kann ich eigentlich? Ihre Überlegungen zu Beginn der Bewerbungsmaßnahmen (vgl. S. 10) müssen hier wiederholt werden. Zu fünf Punkten müssen Sie sich selbst eine Antwort geben können:

Was kann ich gut?
Was kann ich weniger gut?
Wozu eigne ich mich besonders?
Wozu eigne ich mich gar nicht?
Was kann ich lernen?

Besondere Kenntnisse und Ihr Spezialwissen dürfen Sie im Vorstellungsgespräch wirksam betonen, auch wenn Sie hierauf schon in der Bewerbung eingegangen sind – natürlich ohne aufdringlich selbst davon anzufangen.

Unterlagen für das Vorstellungsgespräch

Es wurde bereits aufgezeigt, daß Sie sich zunächst eine Liste über die Punkte anfertigen sollen, die unbedingt zu klären sind, und daß Sie diese Aufstellung zur Grundlage Ihres Gesprächs machen sollen, ohne Sie direkt als „Spickzettel" zu benutzen. In einer Mappe ordnen Sie außer dieser Aufstellung weiter ein

den Durchschlag Ihrer Bewerbung und Ihres Lebenslaufs,

den Brief, in dem Sie aufgefordert wurden, sich vorzustellen,

bei telefonischer Bewerbung alle schriftlichen Unterlagen,

alle Unterlagen, um die Sie im Einladungsschreiben gebeten wurden,

Arbeitsproben (falls nötig),

Namen und Anschriften von Persönlichkeiten, die Sie als Referenzen angeben wollen (wenn Sie es nicht schon früher getan haben).

Und jetzt noch eines: Selbstvertrauen! Dann sind Sie für das Gespräch gut gewappnet.

2. Das Vorstellungsgespräch

Können Sie es so einrichten, dann stellen Sie sich nicht mitten in der Hetze eines aufregenden Arbeitstages vor. Sie müssen ja Ruhe ausstrahlen, und das kann nur, wer wirklich ruhig ist. Meist haben Sie, wenn Sie in abhängiger Arbeit stehen, wenig Einfluß auf den Arbeitsablauf gerade dieses Tages. In den meisten Fällen werden Sie für eine Stunde oder für ein paar Stunden für das Vorstellungsgespräch von Ihrer Firma freigestellt (vgl. S. 122). Besser wäre es, wenn Sie einen halben Tag Zeit hätten. Entweder können Sie dann frisch ausgeschlafen auftreten, oder Sie stellen sich nach einem guten Mittagsmahl vor.

Der erste Eindruck

Viele Menschen halten am ersten Eindruck fest, den sie von einem anderen gewonnen haben. Der Beurteilung durch Ihren Partner sind Sie während der ganzen Dauer des Gesprächs ausgeliefert. Welche Vorstellungen er von Ihnen hat, wissen Sie nicht; ich weiß es auch nicht. Daher kann ich Ihnen nur die allgemeingültigen Grundsätze ans Herz legen, die Sie beachten sollen:

Gelöstheit ist wichtig. – Wenn Sie sich gut vorbereitet haben, besteht kein Grund zur Aufregung. Ich weiß, daß ich aus der Entfernung leicht reden habe. Aber bedenken Sie, daß Millionen von Menschen vor Ihnen schon solche Gespräche zu führen hatten. Warum sollte es ausgerechnet bei Ihnen schiefgehen? Versuchen Sie, jede Aufregung zu bekämpfen und zu meistern. Lassen Sie sich zumindest nichts davon anmerken (auch das ist leicht gesagt, ich weiß!). Von allen Beruhigungsmitteln rate ich Ihnen dringend ab, wenn sie nicht ärztlich verordnet sind!

Hemmungen erkennt man aus der Stimme, aus der Mimik und aus den Bewegungen. Achten Sie bewußt darauf: Ihre Stimme soll fest und klar klingen; Ihre Gesichtszüge sollen nicht verkrampft sein; Ihre Bewegungen sollen keine Hast verraten. Hüten Sie sich also davor, Aufregung, Unruhe, Unsicherheit und das Gefühl „Ich komme mir so klein vor" durch Übertreibungen, durch Theatralik zu überspielen.

Das Äußere des Bewerbers kann entscheidend für Einstellung oder Ablehnung sein. (Ich kenne einen Chef, der Männer mit Bart grundsätzlich nicht engagiert. Woher soll der Bewerber das aber wissen? – Der besagte Firmenboß meinte zu einem Herrn, der ihm fachlich hervorragend geeignet schien: „Sie können bei uns anfangen, wenn Sie den Bart wegmachen lassen!" So erhielt der gute Mann wenigstens eine Chance.) – Falls Sie etwas an sich haben sollten, was dem gestrengen Herrn grundsätzlich nicht paßt, dann können Sie gar nichts dagegen ausrichten (ich denke an rote Haare, an eine gedrungene Gestalt oder ähnliches). Wenn Sie aus solchen Gründen abgelehnt werden, dann hätten Sie in dieser Stelle ohnehin nichts zu lachen gehabt!

Sie müssen einen *sauberen* Eindruck hinterlassen! – Wie Sie das schaffen, ist weitgehend Ihnen überlassen. Feste Vorschriften hierfür gibt es nicht.

Ob Sie lange oder kurze Haare tragen, ob der Buchhalter eine rote oder blaue Krawatte umbindet oder ob die Sekretärin ein graues oder grünes Kleid anzieht – jeder muß es mit sich selbst ausmachen und das Passende finden.

Die Kleidung soll dem Typ des Menschen entsprechen; sie soll sein Wesen positiv unterstreichen. Eines müssen Sie auch hier stets grundsätzlich beachten: Hüten Sie sich vor Übertreibungen!

Keinen schwarzen Anzug! (Sie gehen ja nicht zu einer Beerdigung oder zu einer Opernpremiere.)
Keine Freizeitkleidung! (Sie wollen ja über Ihre berufliche Stellung verhandeln.)
Für Damen: Keinen Super-Minirock! (Selbst wenn Sie süß darin aussehen.)
Nicht altmodisch, aber auch nicht exzentrisch modern!
Für Damen: Keine übertriebene Kriegsbemalung!
Keinen aufdringlichen Parfümduft!
Für Herren: Rasieren!

Daß Kleidung, Frisur, Schuhe, Strümpfe, Hände (Fingernägel!) „in Ordnung" sein müssen, will ich der Vollständigkeit halber noch registrieren. Halten Sie dies nicht für „nur am Rande wichtige" Äußerlichkeiten, etwa weil es auf den Kern des Menschen ankomme! Woher soll derjenige, mit dem Sie sprechen, den Kern Ihres Wesens kennen? Er ist geradezu gezwungen, aus dem Äußeren auf diesen Kern zu schließen: „So wird er (sie) später auch aussehen." Oder: „Er (sie) hat sich heute besonders fein herausgeputzt, aber wahrscheinlich nur heute." Lassen Sie den gestrengen Herrn nicht zwischen diesen beiden Extremen hin und her irren. Geben Sie sich so, wie Sie an Ihrer Arbeitsstelle wirken wollen. (Auch wenn Sie dort dann einen weißen Kittel oder eine Spezialkleidung tragen müssen, will man Sie hier privat gut gekleidet und ansprechend sehen.)

Das Auftreten

An typischen Verhaltensweisen können Stimmung, Verfassung, ja Charakter und Persönlichkeit eines Menschen ermessen werden. Ich schaue bei Bewerbungen so ganz nebenbei auf dreierlei:

die Augen,
die Hände,
die Beine (nicht nur bei Damen!) und Füße.

Niemandem dürfen Sie es verargen, wenn er seine Schlüsse aus Augen zieht, die ruhig und fest auf ihn gerichtet sind oder aus solchen, die unstet umherirren, meist zu Boden blicken oder irgend etwas durch das Fenster beobachten. Klopfen die Finger eines Bewerbers nervös auf die Tischplatte, sind seine Hände in ständiger Bewegung (miteinander verschlungen, dann wieder gelöst), sagt das mehr als tausend Worte. Auch über die Haltung der Beine und Füße gibt es psychologische Aussagen. Nicht jeder Chef ist zugleich ein gewiegter Psychologe. Aber Sie müssen ihm schon erlauben, daß er sich bei einem zappeligen Beinpaar das Seine denkt.

Das Sprechen

Nicht jeder hat eine Stimme, die als schön bezeichnet werden kann; aber jeder sollte sich sagen lassen, wie sie wirkt. Dann kann er sich in seiner Sprechweise darauf einstellen. Wenn es nicht um eine Stelle geht, bei der Sie mit der Öffentlichkeit in Verbindung kommen, dann spielt die Stimme keine entscheidende Rolle. Dennoch: Jede Stimme kann beherrscht, klar und sicher klingen.

Haben Sie ein Tonbandgerät zur Verfügung, so können Sie sich selbst kontrollieren. Aber halten Sie bitte nicht zuviel von Ihrem eigenen Urteil: Wie die Stimme auf andere wirkt, wissen meist nur ebendiese anderen. (Einen Rednerkurs brauchen Sie für das Vorstellungsgespräch jedoch nicht zu absolvieren.)

Der Ton macht die Musik! – Damit meine ich nun nicht den Klang einer Stimme, sondern die Art und Weise der Akzentuierung: *wie* (verbindlich) Sie Ihre Äußerungen formulieren und die Wahl der richtigen Tonlage (auf keinen Fall „flüstern"). Halten wir als wichtigste Forderungen fest:

Höflich – sicher – bestimmt!

Nicht jeder ist redegewandt; beim Vorstellungsgespräch wird fließende Rede nur von dem (unbedingt) verlangt werden, der sie auch in seiner beruflichen Stellung brauchen wird. Für alle aber gilt: Ruhe! *Nicht zu schnell reden!* Sagen Sie nicht alles auf einmal, sprudeln Sie nicht heraus, sondern sprechen Sie schön der Reihe nach.

Sicher und bestimmt kann sprechen, wer seiner Sache sicher ist. Sehen Sie es nicht als Gnade an, daß man Sie empfangen hat, sondern als natürliche Reaktion auf Ihre Bewerbung. Sie sind dadurch schon einmal positiv beurteilt worden. Wenn Sie die Vorbereitungen richtig getroffen haben, so kann kaum mehr eine unangenehme Situation entstehen; Sie unterhalten sich mit jemandem, der etwas von

Ihnen wissen will und von dem Sie etwas wissen wollen. Auch wenn Sie später Arbeitnehmer sein werden, sind Sie heute und auch später kein abgrundtief untergeordneter, zweitklassiger Mensch!

Höflich kann jeder sein. Verwechseln Sie das keinesfalls mit Unterwürfigkeit. Allzuviel „selbstverständlich", „natürlich, Herr Direktor", „ganz richtig", „ganz meine Meinung", „jawohl" ist ungesund!

Daß Sie den Gesprächspartner nicht unterbrechen dürfen, muß Ihnen selbstverständlich sein. Fällt Ihnen gerade etwas besonders Wichtiges ein, so müssen Sie es zurückbehalten, sich merken und warten, bis Sie an der Reihe sind. Seien Sie stets mit den Gedanken dabei; denken Sie jetzt an nichts anderes als an die Stelle, die in greifbare Nähe gerückt ist.

Reden Sie auch nicht zuviel! – Gar manche Chefs versuchen, durch leutseliges Wesen alles mögliche aus Ihnen herauszuholen. Sie wollen wissen, *was* Sie reden, *wie* Sie reden, wenn Sie einmal „losgelassen werden". Halten Sie keine Monologe!

Deutsch sprechen! – Sie dürfen sicher sein, daß man – je nach Stellung verschieden – ein entsprechendes gepflegtes Deutsch von Ihnen erwartet. Sie brauchen nicht als gelernter Redner aufzutreten (außer wenn dies zu Ihrem Beruf gehört); aber Sie sollten fähig sein, klare Sätze zu bilden. Vermeiden Sie Übertreibungen! Dazu zähle ich auch allzu dialektverhaftetes Sprechen. Auf jeden Fall sollte jemand, der in seiner Position diktieren oder sprechen muß, in seiner Ausdrucksweise dem Hochdeutschen zumindest nahekommen (ich drücke mich absichtlich so vorsichtig aus). Reden Sie natürlich. Fallen Sie nicht unwillkürlich in die Mundart. Sprechen Sie aber auch nicht gekünstelt, so daß jeder merkt, daß dies nicht Ihre normale Redeweise ist.

Wenn Sie wissen, daß Sie nicht zu den begnadeten Rednern gehören, dann bemühen Sie sich, kurze Sätze zu bilden. Das trägt sehr dazu bei, sich nicht in einem Gestrüpp von Gedanken und Wörtern zu verheddern.

Der Gesprächsinhalt

Hoffentlich haben Sie schon möglichst vieles vorher „programmiert". Im Kapitel „Vorbereitungen" wurde darüber gesprochen (siehe S. 102). Meist wird jedoch derjenige, der Sie eingeladen hat, den roten Faden in der Hand halten. Er wird zu bestimmen versuchen, welche Richtung die Unterhaltung einschlägt. Trotzdem haben Sie die Möglichkeit, das Thema dorthin zu lenken, wo Sie es haben wollen. Hierzu ist vor allem eines notwendig: Geduld!

Warten Sie, bis Sie an der Reihe sind, und werfen Sie dann all Ihre Fragen und Argumente ein. Ein verständiger Chef wird Ihnen zuhören und Ihnen antworten.

Fallen Sie nicht mit der Tür ins Haus, um ja keinen der vorher eingepaukten Punkte zu vergessen. Sie haben Zeit! In 999 von 1000 Vorstellungsgesprächen werden Sie gefragt, ob noch etwas unklar sei. Damit haben Sie das Heft in der Hand. Nun müssen Sie vorbringen, was Sie für fragens- und erwähnenswert halten. Erwecken Sie aber in Ihrem Gegenüber nicht den Eindruck, ihn ausfragen zu wollen. Nein – Sie wollen einfach „etwas wissen", und er hat Sie selbst darum gebeten, ein Gespräch zu führen.

Einige Tips

1. *Zeigen Sie Interesse für die Firma!* – Bringen Sie die Rede darauf, was die Hauptaufgabe des Betriebs ist, was hergestellt oder geleistet wird, wo der Betätigungskreis liegt, wie groß die Firma ist, seit wann sie existiert (vielleicht auch – aber nur bei höheren Positionen – welche Pläne vorliegen).

2. *Überlegen Sie gut, welche allgemeinen Kenntnisse über den Betrieb Sie ins Gespräch bringen könnten.* – Wer sich mit Ihnen unterhält, kann daraus auf Ihr Interesse schließen, auf Wißbegierde, aber auch auf Schnüffelei, wenn Sie diesen Punkt zu sehr hervorkehren.

3. *Fällen Sie nicht ohne Not Urteile über andere Personen oder Firmen!* – Zeigen Sie Ihre Kenntnisse, die Sie von der Konkurrenz besitzen, aber hüten Sie sich davor, zu urteilen, wenn Sie nicht wissen, wie dies auf Dritte wirkt.

4. *Berichten Sie von Ihren Kenntnissen über die Firma, bei der Sie sich vorstellen nur, wenn Sie danach gefragt werden!* – Und dann keine Einzelheiten, sonst könnte man Ihnen das Wissen als Aufdringlichkeit auslegen. Kaum jemand sieht es gern, wenn man sich zu sehr prüfend mit ihm beschäftigt.

5. *Merken Sie sich genau, mit wem Sie sprechen!* – Fragen Sie vorher die Sekretärin oder die Person, die Sie einführt, nach Namen und Titel, wenn dies nicht schon aus dem Einladungsschreiben hervorgeht. Sicher wissen auch Sie, daß es vorteilhaft wirkt, wenn

jemand mit seinem richtigen Namen angesprochen wird. – Bei jüngeren Damen ist der Familienstand ausschlaggebend für die Anrede als Frau oder Fräulein.

6. *Vorsicht vor Gesprächen über Politik, über Weltanschauung oder über Religion!* – Eigentlich müßten Sie hier entgegnen, diese Themen hätten mit der beruflichen Stellung kaum etwas zu tun. Doch so hart dürfen Sie es nicht ausdrücken. Wer Ihre Ansicht zu diesen Themen kennenlernen will, ist meist intolerant und damit nicht der angenehmste Chef. Nur Menschen, die keine andere Meinung gelten lassen als die ihre, werden das Gespräch bei der Vorstellung auf solche Gebiete führen.

Reicht Ihre Diplomatie, mit der Sie diese Klippen umschiffen wollen, nicht aus, so ist es immer noch besser, Sie bekennen Farbe und verzichten schließlich auf die angebotene Stelle, wenn Sie nicht in der gleichen Richtung liegen wie Ihr Gesprächspartner, als daß Sie sich rückhaltlos seiner Meinung anschließen (falls er sie bekanntgibt).

Firmenchefs, die eine Anstellung von einer politischen oder religiösen Meinung abhängig machen, sind es gar nicht wert, daß Sie Ihre Arbeitskraft in deren Dienste stellen!

7. *Sprechen Sie nicht unaufgefordert über Referenzen,* d. h. über Persönlichkeiten, die Sie empfehlen könnten. – Falls Sie Referenzen in der Bewerbung erwähnt haben, werden Sie vielleicht nach Ihrer Verbindung zu diesen Persönlichkeiten gefragt. Von sich aus sollten Sie solche Themen am besten nicht berühren. Es könnte leicht der Eindruck entstehen, Sie hätten selbst nicht genug zu bieten und müßten sich der Hilfe anderer bedienen.

8. *Ein kluger Chef wird sich nicht nur überlegen, wieviel Sie für ihn wert sein können, sondern auch, wie Ihre Stellung als Mitarbeiter, also zu den Kollegen, sein wird.* – Sie wissen nicht, welche Umgebung Sie erwartet, Glück spielt hier eine große Rolle. Dennoch können Sie oft schon aus der Anzeige einiges entnehmen, was in diesem Zusammenhang gewünscht und vorausgesetzt wird. Stellen Sie sich – wie in Ihrem Bewerbungsschreiben – darauf ein. Aber spielen Sie nicht Theater; denn Sie wollen ja nicht nur heute wirken, sondern auch eine Stelle einnehmen, die Ihnen auf die Dauer entspricht.

9. *Bringen Sie nicht jetzt schon Verbesserungsvorschläge!* – Sie müssen erst den Arbeitsablauf und die Organisation der Firma ken-

nenlernen. Nur wenn Sie ausdrücklich um eine Anregung gebeten werden, äußern Sie sich dementsprechend. Es wäre höchst unfair, wenn man aus Ihnen Gedanken herausholen möchte, sie dann verwendete und auf Ihre Anstellung verzichtete. Allerdings: Gar nichts dazu zu sagen ist auch keine Lösung. Versuchen Sie vielmehr, aus Ihrer Erfahrung einen Vorschlag anzubringen, bei dem Sie betonen, daß er natürlich ohne genaue Kenntnis der neuen Firma nicht exakt genug sein kann.

3. Eignungsprüfungen

In verschiedenen Berufen müssen Bewerber Prüfungen über sich ergehen lassen, die ihre wichtigsten fachlichen Leistungen erweisen sollen.

Es ist z. B. üblich, von Stenotypistinnen die Aufnahme eines Diktats und die anschließende Übertragung in die Schreibmaschine zu verlangen. – Ein Korrespondent kann die Aufgabe erhalten, aus Stichwortangaben einen Brief zu verfassen. – Ein Fremdsprachenkorrespondent mag ein Schreiben übersetzen oder ebenfalls nach kurzen Anweisungen anfertigen müssen. – Von einem Werbeassistenten wurde einmal verlangt, er solle zu Hause eine Anzeige oder einen Werbebrief für einen vorgegebenen Fall produzieren.

Gegen solche Examinierungen können Sie sich nicht wehren. Tun Sie es doch, so dürfen Sie gleich nach Hause gehen. Selbst wenn noch so gute Zeugnisse aus jüngster Zeit Ihr Können beweisen – mancher Chef möchte sich selbst ein Bild machen.

Ohne daß von einer ausdrücklichen Prüfung die Rede ist, kann Ihnen auf den Zahn gefühlt werden, und zwar im Gespräch. Sie können z. B. aufgefordert werden, darzulegen, was Sie in diesem oder jenem Fall anordnen oder vorschlagen würden, wie Sie auf eine bestimmte Situation reagieren würden, was Sie über ... denken. – Das Argument „Ich kenne Ihre Firma nicht“ zieht nur beschränkt. Kein vernünftiger Chef wird von Ihnen eine firmenspezielle Entscheidung erwarten; er will wissen,

ob Sie mitdenken,

ob Sie entschlußfreudig sind,

ob Sie eine akzeptable Lösung finden,

ob Sie Ihre Kenntnisse auch auf eine fremde Materie anzuwenden verstehen.

Voraussetzung für ein erfolgreiches Verhalten ist, daß Sie dem Gesprächsinhalt stets folgen, *ohne sich ablenken zu lassen*, und daß Sie schnell zu schalten vermögen. Wenn Sie etwas nicht wissen *können*, so geben Sie dies ohne Bedenken zu; aber reden Sie sich nicht darauf hinaus, daß Sie mit „so etwas noch nie zu tun gehabt" hätten!

4. Tests

Zum Unterschied von den fachlichen Prüfungen verstehen wir hierunter Aufgaben mit psychologischem Hintergrund. Sie erweisen

Denkgeschwindigkeit
Kombinationsgabe
technisches Verständnis
Genauigkeit des Arbeitens
Sinn für Zahlen
Auffassungsvermögen
Merkfähigkeit
logisches Denken
Geduld und Ausdauer.

Es gibt derart viele und grundverschiedene Tests, daß auch nur ein kleiner Ausschnitt daraus den Rahmen dieses Buches sprengen würde. Ob Sie Figurenveränderungen feststellen, Zahlenreihen ergänzen, Buchstaben einsetzen oder streichen, Zeichnungen auf Ihren Sinn hin deuten oder sonst etwas tun müssen: immer werden bestimmte persönliche Anlagen geprüft, nicht etwa fachliche Kenntnisse. Firmen, die solche Tests veranstalten, müssen einiges Geld darin investieren; abgesehen von den Vordrucken, zahlen sie für das Gutachten, das von Fachleuten daraufhin ausgearbeitet wird. – Legt man Ihnen also einen Test vor (meist aus mehreren Aufgabenteilen bestehend), so gehen Sie mit der Gewißheit an die Aufgabe heran, daß Sie schon sehr weit gekommen sind. Man glaubt, daß sich dieser Versuch mit Ihnen lohnt, sonst würde man von ihm absehen. Sie stehen also nicht etwa auf verlorenem Posten, sondern dürfen mit Gelassenheit (nicht aber Gleichgültigkeit) die Lösung versuchen.

5. Der Personalfragebogen

Viele Unternehmen haben zur Arbeitserleichterung Formulare entwickelt, auf denen alle Punkte aufgeführt sind, die für die Firmenleitung von Interesse sind. Müssen Sie einen solchen Vordruck ausfüllen, so tun Sie es vollständig, auch wenn Sie eine ganze Menge dessen, was darin gefragt wird, schon in Ihrer Bewerbung oder im Lebenslauf dargelegt haben. *Achten Sie darauf, daß Ihre Angaben den früheren Ausführungen nicht widersprechen!*

Über die Notwendigkeit einzelner Fragen herrschen oft recht unterschiedliche Auffassungen. Richtig ist, daß niemand seine Konfession anzugeben braucht (die sieht der Arbeitgeber rechtzeitig aus der Lohnsteuerkarte und kann dann die entsprechende Kirchensteuer abführen). Dagegen ist die Frage nach Ihrem Gesundheitszustand durchaus nicht als unberechtigt anzusehen: Es liegt ja im Risiko des Arbeitgebers, wen er einstellt. So darf er sich bei Frauen auch nach einer bestehenden Schwangerschaft erkundigen; sie sind auskunftspflichtig. Einen Bankkassier z. B. nach Schulden zu fragen, die er übernommen hat, ist aufgrund seiner engen Berührung mit Geld doch recht verständlich. Dagegen kann er nicht gezwungen werden, das Guthaben auf seinem Bankkonto zu nennen. Seine Vorstrafen gehen den Dienstherrn nur dann etwas an, wenn sie einschlägig sind (Diebstahl, Unterschlagung; nicht aber wegen eines Verkehrsvergehens).

Einzelregelungen sind in keinem Gesetz enthalten. Der Rahmen ergibt sich aus den Grundrechten, die jedem Staatsbürger zustehen, und aus der Zumutbarkeit für beide Vertragsparteien.

6. Handschriftproben

Haben Sie Bewerbung und Lebenslauf nicht handschriftlich abgefaßt, so kann Ihnen jetzt noch ein „Examen“ blühen, wenn man Ihre Schriftzüge sehen und daraus Schlüsse ziehen will. Achten Sie auf einwandfreies Schreibmaterial (bringen Sie es am besten selbst mit) sowie darauf, daß Sie einen *neutralen* Text nach irgendeiner Vorlage schreiben. Sich zu diesem Zweck etwas diktieren zu lassen, ist ungünstig, da Sie leicht ins Hetzen kommen könnten. Eine entsprechende Bitte dürfen Sie ohne weiteres vortragen.

V. Die Entscheidung

1. *Sofortige Anstellung.* – Sie ist nicht allzu häufig. Meist wird man Ihnen schriftlich Bescheid geben. Sollte Ihnen gleich ein fertiger Vertrag vorgelegt werden, so müssen Sie ihn unter allen Umständen in allen seinen Punkten sorgfältig lesen. Wenn es irgend möglich ist, sollten Sie nicht Hals über Kopf unterschreiben, auch wenn Ihnen die Stelle sehr gut zu sein scheint, die Ihnen angeboten wurde. Bedenkzeit ist nicht nur für eine Firma, sondern auch für den Bewerber üblich und angemessen. Wer so deutlich zu erkennen gibt, daß er Sie als Mitarbeiter gewinnen möchte, wartet sicher auch noch kurze Zeit. Wenn Sie mehrere Bewerbungen laufen haben, müssen Sie sich auch die Gelegenheit nehmen, erst nach einem objektiven Vergleich zu entscheiden. – Dennoch kann es im Einzelfall zu einem sofortigen Vertragsabschluß kommen, falls sich der Bewerber klar darüber ist, daß er eine Chance wahrnimmt, die ihm kaum anderswo geboten wird.

2. *„Sie erhalten Bescheid".* – Diese Floskel, die oft ein Vorstellungsgespräch beendet, bedeutet beileibe nicht, daß Sie mit einer Ablehnung zu rechnen hätten. Vielmehr will man entweder noch andere Bewerber unter die Lupe nehmen oder keine überstürzte Eile an den Tag legen, um Ihnen damit nicht einen unangemessenen Trumpf in die Hand zu geben.

   Bitten Sie darum, im Falle einer positiven Mitteilung den Anstellungsvertrag beizulegen! Sie können ihn dann in Ruhe zu Hause prüfen und mit dem vergleichen, was mündlich besprochen und vereinbart worden ist.

3. *Die Ablehnung.* – Sie ist, sofort ausgesprochen, ebenso selten wie die umgehende Zusage; es sei denn, im Gespräch stellt sich heraus, daß eine der beiden Seiten von falschen Voraussetzungen ausgegangen ist und daß eine Zusammenarbeit deshalb nicht in Frage kommen kann. Es bedeutet dann auch keine Diskriminierung, wenn man zu der Feststellung gelangt, daß die Bewerbung nicht erfolgreich gewesen ist. (Die Ablehnung kann übrigens auch von Ihnen ausgehen. Sie sollten sich dazu aber nur entschließen, wenn offensichtlich kein sinnvolles Arbeiten gewährleistet sein wird. Sind dagegen lediglich nicht alle auf S. 107 genannten Punkte zu Ihrer Zufriedenheit geklärt, so sollten Sie um eine Bedenkzeit bitten.)

VI. Das Bestätigungsschreiben

Sollten Sie bereits mündlich zugesagt haben, die ausgeschriebene Stelle annehmen zu wollen, so müssen Sie sich darüber klar sein, daß dies als vertragliche Vereinbarung zu betrachten ist. Dann bestätigen Sie am besten alle Vereinbarungen schriftlich. Wird Ihren Ausführungen nicht widersprochen, so sind sie Grundlage für das Arbeitsverhältnis geworden. Dennoch ist es gut, so bald wie möglich einen schriftlichen, von beiden Partnern unterschriebenen Vertrag in Händen zu haben. Sie dürfen in Ihrem Schreiben darum bitten, ohne Angst haben zu müssen, daß Sie für unhöflich gehalten werden.

VII. Rechtliche Fragen

Das Recht „verfolgt" uns ein Leben lang – besser: es begleitet uns, und wir müssen uns seiner bedienen. Schon Ihr jetziges Arbeitsverhältnis war an rechtliche Vorschriften gebunden, und das neue wird es wieder sein. Schon ehe Sie die erste Bewerbung auf die Reise geschickt haben, kann es sich zu Wort melden.

1. Die Kündigung

Fristen. – Gleichgültig, ob Sie kündigen (und ob Sie es vor oder nach der Bewerbung oder der Annahme einer neuen Stelle tun) oder ob Ihnen gekündigt wird, es sind bestimmte Fristen einzuhalten: Gesetzlich sind vorgeschrieben

> *für Angestellte:* sechs Wochen zum Vierteljahresende. Der Wille, das Arbeitsverhältnis nicht fortzusetzen, muß also spätestens am 17. Februar (in Schaltjahren am 18. Februar), 19. Mai, 19. August oder 19. November ausgesprochen werden, wenn es am 31. März, 30. Juni, 30. September oder 31. Dezember beendet werden soll.
>
> *für Arbeiter:* grundsätzlich 14 Tage zu jedem beliebigen Zeitpunkt.

Abweichungen hiervon sind möglich; sie können im Arbeitsvertrag festgelegt sein, aber auch durch Tarifverträge oder Betriebsvereinbarungen zustandekommen.

Der „*Zugang*" der Kündigung. Die Kündigung ist gemäß § 130 des Bürgerlichen Gesetzbuches nur wirksam, wenn sie dem Empfänger „zugeht". Sie kann mündlich oder schriftlich ausgesprochen werden. Für die mündliche Kündigung gilt: Sie muß in Anwesenheit des anderen ausgedrückt werden und verstanden worden sein (auch telefonisch möglich!). Ein Kündigungsschreiben kann auf den Tisch gelegt, überreicht oder zugesandt werden. *Die Kündigung ist dann zugegangen, wenn der Empfänger normalerweise von ihr Kenntnis erlangen kann.* Mit der Post zugeschickte Kündigungen sind am Tage der Postzustellung zugegangen, ohne Rücksicht darauf, ob sie der Adressat zu diesem Zeitpunkt liest oder nicht. Auf das Einverständnis der anderen Seite kommt es nicht an.

Schriftform für die Kündigung ist vorgeschrieben

bei Lehrlingen

oder

wenn dies der Arbeitsvertrag ausdrücklich verlangt.

Kündigungsgründe brauchen Sie grundsätzlich nur anzugeben, wenn Sie fristlos, d. h. „aus wichtigem Grund" (so sagt das Gesetz) das Arbeitsverhältnis aufheben wollen.

Die Zeit nach der Kündigung. – Es wird heute viel über schlechte Arbeitsmoral gewettert. In einem Punkt bestimmt dann mit Recht, wenn ein Arbeitnehmer nach der Kündigung „krank feiert" oder wenn nun seine Arbeitsleistung merklich nachläßt. Sie müssen die vereinbarte Tätigkeit bis zum letzten Tag einwandfrei ausführen. Bedenken Sie, daß sich ein abweichendes Verhalten zu Recht im Zeugnis niederschlagen kann.

Das Ausscheiden aus der Firma soll in größtmöglicher Harmonie vor sich gehen, auch falls Sie glauben, allen Grund zur Verärgerung zu haben. Verabschieden Sie sich von Ihren Vorgesetzten und Ihren Mitarbeitern; gehen Sie, wenn irgend möglich, nicht im Unfrieden. Niemand weiß sicher, inwieweit sein Benehmen für die Zukunft entscheidend sein wird. Nicht selten erkundigt sich der neue Arbeitgeber bei dem früheren Dienstherrn nach Ihren Leistungen und Ihrem Auftreten. Die jüngste Zeit wird diesem dabei besonders im Gedächtnis haften.

2. Freizeit zur Stellensuche

Ist die Kündigung ausgesprochen, so muß Ihnen der Arbeitgeber laut § 629 des Bürgerlichen Gesetzbuches eine angemessene Zeit zur Stellensuche gewähren. Damit sind Sie auch berechtigt – ohne Anrechnung auf Ihren Urlaubsanspruch – Freizeit für eine Bewerbung an einem fremden Ort zu verlangen. Am selben Ort genügt eine Befreiung vom Dienst für einige Stunden. Auf keinen Fall dürfen Sie eigenmächtig diese Zeit bestimmen. Die Firma kann Ihnen auch eine mehrmalige Befreiung nicht verweigern, da Sie ja nicht verpflichtet sind, die erste beste Stelle anzunehmen.

3. Der Urlaubsanspruch

Haben Sie von Ihrer bisherigen Firma noch nicht den gesamten Ihnen zustehenden Jahresurlaub erhalten, so können Sie fordern, daß er Ihnen in der verbleibenden Zeit gewährt wird. In den meisten Fällen beendet man entsprechend viele Tage früher seine Tätigkeit. Einen Rechtsanspruch hierauf haben Sie jedoch nicht. Kann Ihnen der Urlaub (zum Beispiel wegen Arbeitsüberhäufung, Saisongeschäft usw.) nicht gewährt werden, so haben Sie einen Ausgleich in Geld zu bekommen.

4. Die Arbeitspapiere

Steuerkarte, Versicherungskarte, Bescheinigung über die Urlaubszeit müssen Ihnen beim Ausscheiden aus der Firma ausgehändigt werden, d. h. also, falls Sie wegen Resturlaubs nicht am 31. Dezember, sondern schon am 15. Dezember ausscheiden, zu diesem Zeitpunkt. Diese Schriftstücke müssen Sie in der Regel selbst abholen. Der Betrieb ist nicht verpflichtet, Ihnen diese Papiere zuzusenden, außer wenn Sie weit entfernt wohnen und Ihnen die Abholung nicht zuzumuten ist. Das kommt aber ohnehin nur in Betracht, wenn die Aushändigung am letzten Arbeitstag aus irgendwelchen Gründen nicht möglich sein sollte.

5. Das Zeugnis

Sie haben – ob Arbeiter oder Angestellter – Anspruch auf ein Zeugnis (§ 113 Gewerbeordnung, § 73 Handelsgesetzbuch, § 630 Bürgerliches Gesetzbuch). Das Zeugnis muß grundsätzlich Auskunft geben über Art und Dauer der Beschäftigung (sogenanntes *einfaches Zeugnis);* falls Sie es verlangen – und das sollten Sie immer tun –, so muß es sich auch auf Führung und Leistung erstrecken (sogenanntes *qualifiziertes Zeugnis).* Das Zeugnis muß der Wahrheit entsprechen; seine Formulierungen müssen eindeutig und klar sein, sie dürfen keine Mißverständnisse hervorrufen.

Ein weitverbreiteter Irrtum ist zu glauben, das Zeugnis dürfe keine Tatsachen enthalten, die den Arbeitnehmer in einem ungünstigen Licht erscheinen lassen. (Jedoch dürfen einmalige oder seltene Vorfälle, die nicht charakteristisch sind, nicht über Gebühr herausgestellt werden.) In diesem Zusammenhang ein Rat: *Nicht alles hinnehmen!* – Sind Sie nach eingehender, objektiver Prüfung der Meinung, das Zeugnis sei nicht gerecht abgefaßt, so brauchen Sie nicht gleich das Arbeitsgericht zu bemühen – obwohl es schließlich auch dafür zuständig ist. Unterhalten Sie sich zuerst (vielleicht auch schriftlich) mit dem bisherigen Arbeitgeber. Begründen Sie ruhig, *was* Sie *warum* anders dargestellt haben möchten. Weisen Sie auf Ihr berufliches Fortkommen hin, auf besondere Kenntnisse, die Sie besitzen, auf vielseitige Tätigkeiten, die im einzelnen bestätigt werden sollten. Und fragen Sie bei negativen Formulierungen, ob es denn wirklich so schlimm gewesen sei. Schon oft genug wurde auf begründete Einsprüche hin der Wortlaut eines Zeugnisses geändert!

Es ist üblich, bestimmte Floskeln zu verwenden, mit denen ausgedrückt werden soll, was von der Arbeitsleistung zu halten ist. Leider lassen sich die meisten Arbeitgeber recht wenig zum Text einfallen. So liest man immer wieder dieselben Worte. Das ist bequem und enthebt den Schreiber des besonderen Nachdenkens.

Sehen wir uns einmal solche „Aussagen" an:

„Herr W. hat seine Aufgaben stets zu unserer vollsten Zufriedenheit ausgeführt". – Das ist das höchste Lob, das Sie ernten können. Abgesehen davon, daß man das Wort „voll" nicht steigern kann (der Zeugnisschreiber tut es dennoch gern), soll damit gesagt werden, daß an Ihrer Leistung nicht nur nichts auszusetzen ist, sondern daß Sie ein ausgezeichneter, vorbildlicher Mitarbeiter sind. (Warum sagt man das dann nicht so?)

„Fräulein X. hat alle vorgenannten Tätigkeiten zu unserer vollen Zufriedenheit ausgeführt.“ – Lesen Sie bitte genau: „voll“ ist nach Ansicht vieler Menschen nicht so gut wie „vollst“. Dennoch brauchen Sie sich keine Gedanken zu machen. Vielleicht weiß der Schreiber, daß man „voll“ nicht steigern kann, vielleicht wollte er Ihnen wirklich das Prädikat „gut“ erteilen. Den genauen Unterschied festzustellen, das überlassen Sie durch Ihre Leistungen am besten dem neuen Arbeitgeber. (Außerdem muß es nicht immer vorteilhaft sein, wenn man hervorragend qualifiziert wird; dies bringt manche Verpflichtungen mit sich, und wenn es für Sie keine Selbstverständlichkeit sein sollte, so herauszuragen, dann kann Sie ein Hinweis auf Ihre Zeugnisbemerkungen später ganz schön nervlich belasten!)

„Herr Y. hat sein Aufgabengebiet zu unserer Zufriedenheit ausgeführt.“ – Das ist schon weniger. In der Schule hätten Sie vielleicht die Note Drei erhalten. Wenn jemand „nur“ zufrieden ist, dann kennzeichnet er damit eine durchschnittliche Leistung, ohne gravierende Fehler, aber eben nichts besonders Empfehlenswertes.

„Herr Z. hat sich stets bemüht, die ihm gestellten Aufgaben zu unserer Zufriedenheit zu erledigen.“ – Jeder muß daraus entnehmen, daß Sie sich zwar angestrengt haben (vielleicht nicht einmal das), daß es Ihnen aber in der Regel nicht gelungen ist, den Anforderungen gerecht zu werden. Eine solche Formulierung stellt eine herbe Rüge dar.

Das Ausstellen eines qualifizierten Zeugnisses ist eine Arbeit, der sich kaum ein Chef gern unterzieht. Helfen Sie ihm doch dabei, indem Sie ihm aufschreiben, was Sie vermerkt haben wollen. Hierunter verstehe ich nur die einzelnen Tätigkeiten, die Sie ausgeübt haben. Die persönliche Qualifikation müssen Sie stets dem Chef überlassen. Fragen Sie aber zuerst, ob ihm diese Unterstützung recht ist.

Dringen Sie schließlich trotz gegenseitiger Vorstellungen beim Chef nicht durch, ist er nicht bereit, das Zeugnis zu ändern, zu ergänzen oder etwas wegzulassen, und sind Sie immer noch der Überzeugung, ungerecht berurteilt worden zu sein, so kann Ihnen eine Klage beim Arbeitsgericht zu Ihrem Recht verhelfen.

Auf das Zeugnis haben Sie beim Ausscheiden aus der Firma einen Anspruch. Verlangt der Betrieb, bei dem Sie sich neu bewerben, schon vorher ein Zeugnis von Ihnen, so muß Ihnen ein *Zwischen-*

zeugnis ausgestellt werden. Es unterliegt denselben Anforderungen wie ein normales qualifiziertes Zeugnis.

6. Die Vorstellungskosten

Bewerben Sie sich *am selben Ort,* so wird diese Frage kaum auftauchen, es sei denn, Sie hätten einen Verdienstausfall zu beklagen oder Mehraufwendungen zu bestreiten. Sie könnten natürlich versuchen, die Kosten für eine Bewerbungsmappe oder für eine Reihe von Fotos ersetzt zu erhalten. In den meisten Firmen würde man dies sicher als äußerst kleinlich empfinden. Und so wollen Sie doch Ihre neue Stelle nicht antreten!

Bei Bewerbungen an einem *fremden Ort* müssen wir unterscheiden:

1. Sie wurden aufgefordert, sich vorzustellen. Dann ist die neue Firma verpflichtet, Ihnen Fahrtkosten und sonstige Mehraufwendungen zu ersetzen, und zwar gleichgültig, ob Sie engagiert werden oder nicht, wenn das mündlich oder schriftlich vereinbart worden ist.
2. Stellen Sie sich unaufgefordert vor (überlegen Sie gut, ob Sie das tun sollen!), so haben Sie keinen Anspruch auf Ersatz irgendwelcher Auslagen.
3. Wird in dem Brief, der Sie einlädt, sich vorzustellen, gesagt, die Firma übernehme die Fahrtkosten, dann können Sie Übernachtung und Verpflegung nicht anrechnen.

7. Der Arbeitsvertrag

Das Arbeitsverhältnis wird durch den Arbeitsvertrag begründet, mit dem sich die beiden Parteien über seinen Inhalt einig geworden sind. Hierzu genügt auch ein mündlicher Vertrag. Falls Sie also beim Vorstellungsgespräch zusagen, die angebotene Stelle unter den genannten Bedingungen annehmen zu wollen, so ist der Vertrag bereits rechtskräftig.

Ausnahmen von der mündlichen Form gelten

für Auszubildende (Lehrlinge),

für bestimmte Verträge in der Land- und Forstwirtschaft,

wenn ein Tarifvertrag Schriftform vorschreibt,

wenn sich Arbeitgeber und Arbeitnehmer darüber einig sind, daß erst der schriftliche Vertrag gültig sein soll.

Minderjährige

1. Will ein *Lehrling* das Arbeitsverhältnis aufheben oder ändern, so ist die Einwilligung des gesetzlichen Vertreters (in der Regel also der Eltern) erforderlich.
2. Minderjährige, die *nicht mehr Lehrlinge* sind, können jederzeit ein Arbeitverhältnis derselben Art eingehen. Die Zustimmung des gesetzlichen Vertreters ist aber bei einem Berufswechsel notwendig.

Der Inhalt des Arbeitsvertrages

Überblicken Sie noch einmal die Gesichtspunkte, die ich Ihnen für das Vorstellungsgespräch aufgezeigt habe (siehe S. 107). Eine Reihe von diesen Gesichtspunkten sollten wir – je nach Bedeutung der Stelle verschieden – im Arbeitsvertrag wiederfinden:

Kurz umrissenes Arbeitsgebiet. – Damit sind Ihre Kompetenzen eindeutig abgegrenzt. Es steht fest, für welche Abteilung und unter welchem Vorgesetzten Sie zu arbeiten haben. Besonders für Angestellte mit leitenden Aufgaben ist es wichtig zu wissen, wem sie unterstellt sind. Oft lesen wir im Vertrag dann Formulierungen wie „Herr X. ist unmittelbar der Geschäftsleitung unterstellt". Je genauer Ihre Funktion beschrieben ist, desto weniger Zuständigkeitskomplikationen treten später auf. Die wesentlichen Merkmale sollen genannt sein; auf Einzelheiten kann verzichtet werden. Schon im Vorstellungsgespräch haben Sie die Möglichkeit, darauf Einfluß zu nehmen.

Genaue Stellenbezeichnung. – Es ist darauf Wert zu legen, daß der „Titel" fixiert wird. Das soll nicht der veralteten Titelsucht Vorschub leisten, sondern Ihre Position im Organisationsschema der Firma festlegen; es muß klar sein, als was Sie eingestellt werden, da sich der Arbeitgeber damit verpflichtet, Ihnen eine bestimmte Beschäftigung zuzuweisen. – Dieser Gesichtspunkt ergänzt, was wir für das Arbeitsgebiet gesagt haben.

Bezahlung. – Nicht nur die augenblickliche Entlohnung muß aus dem Arbeitsvertrag zu ersehen sein; wenn Sie eine Vereinbarung für die Zukunft, eine verbindlich zugesagte Gehaltssteigerung nach einer bestimmten Zeit erwirken konnten, so ist dies auch hier zu verankern. Begnügen Sie sich nicht mit einer vagen Zusage: „Wenn Sie sich bewähren, zahlen wir gern mehr!" – es könnte sonst später immer noch heißen, Sie hätten sich eben nicht „bewährt".

Häufig wird nach der Probezeit eine Erhöhung der Bezüge zugestanden. Es ist dann unumgänglich, die Probezeit genau zu deklarieren.

Eine besondere Sicherheit bietet Ihnen die vertragliche Abmachung, daß Sie in regelmäßigen Abständen soundso viel mehr verdienen werden. Die Zeitabstände sind dann genau anzugeben.

Dreizehnte und vierzehnte Monatsgehälter, die vertraglich zugesichert werden, geben Ihnen einen Rechtsanspruch; anders ist es bei freiwillig gewährten Gratifikationen.

Arbeitszeit und Überstundenabgeltung. – Oft wird die Arbeitszeit nicht exakt benannt. Wir lesen dann Formulierungen wie: „Die regelmäßige Arbeitszeit beträgt 40 Stunden in der Woche." Sie haben keinen Anspruch darauf, daß man Ihnen verbrieft, Sie hätten täglich um 8.00 Uhr anzufangen und könnten um 16.30 Uhr nach Hause gehen. Dies wird vielmehr häufig in einer eigenen Betriebsordnung bekanntgemacht.

Ist im Vertrag von Überstunden die Rede, so können Sie keinesfalls davon ausgehen, daß Sie nicht dazu verpflichtet sind, sie im Rahmen des Zumutbaren abzuleisten. – Manchmal wird im Vertrag ausdrücklich festgehalten, daß Überstunden im Gehalt inbegriffen seien, so vor allem bei leitenden Funktionen, aber auch bei Personen, die sonst eine besondere Vertrauensstellung innehaben, wie Abteilungs- und Direktionssekretärinnen. Eine eigene Vergütung können Sie jedenfalls nur fordern, wenn Sie es schwarz auf weiß im Vertrag stehen haben.

Eintrittstermin. – Die Verhandlungen können ergeben haben, daß ein Termin gewünscht wird, der von Ihren Wünschen abweicht. Will Sie der neue Chef früher einstellen, als das nach den Kündigungsbestimmungen in Ihrem alten Vertrag möglich wäre, so ist zuerst eine Unterhaltung mit Ihrem jetzigen Vorgesetzten nötig, um vielleicht eine frühere Lösung des Angestelltenvertrags zu erreichen.

Urlaub. – Die weitaus meisten Firmen gewähren mehr Urlaubstage, als es gesetzlich vorgeschrieben ist. Das liegt häufig an den günstigeren Bestimmungen von Tarifverträgen. Achten Sie hier besonders auf einschränkende Klauseln, wie z. B.

> „Der Urlaub muß zusammenhängend genommen werden."

> „Anspruch auf Gewährung des Urlaubs zu einer bestimmten Zeit besteht nicht."

„Der Urlaub wird nach Absprache mit der Firmenleitung gewährt.“

Andererseits ist es höchst unwahrscheinlich, daß Sie heute schon die Zusage erhalten, zu einer bestimmten Zeit in Urlaub gehen zu können. Sie wissen vielleicht selbst, wie oft gerade die Wünsche verschiedener Mitarbeiter ein und derselben Abteilung zu dauernden Streitigkeiten führen. Arbeitet z. B. Ihr Ehepartner ebenfalls in abhängiger Stellung und muß er den Urlaub während der Betriebsferien seiner Firma nehmen, so sollten Sie schon jetzt versuchen, eine Vereinbarung zu treffen, die Ihnen garantiert, daß Sie zur selben Zeit der Arbeit fernbleiben können.

Probezeit. – Das Probearbeitsverhältnis dient dazu, sich zu „beschnüffeln“, ehe man eine längere Bindung eingeht. Es ist üblich, für diesen Zeitabschnitt eine gesonderte Regelung über die Kündigung zu treffen. Fehlt eine solche Bestimmung, so gelten die gesetzlichen Fristen (siehe auch oben unter „Bezahlung“).

Kündigungsfrist. – Meist wird im Vertrag nicht auf die gesetzlichen Fristen hingewiesen, sondern die Termine werden nochmals genannt. Eine abweichende Regelung muß hier niedergelegt werden. Es bleibt Ihrem Verhandlungsgeschick überlassen, eine längere Frist zu vereinbaren (was praktisch nur bei höheren Positionen vorkommt). Überlegen Sie gut, ob eine längere Bindung auch in Ihrem Sinne ist. Grundsätzlich kann man allerdings davon ausgehen, daß eine längere Kündigungsfrist größere Sicherheit verleiht. Wer nicht leitend tätig ist, muß sich in der Regel wohl oder übel mit den gesetzlichen Fristen zufriedengeben.

Wettbewerbsverbot, Nebentätigkeit. – Der Arbeitnehmer darf dem Arbeitgeber in seiner Berufssparte keine Konkurrenz machen, die ihn schädigen könnte. Kaufmännische Angestellte und Lehrlinge dürfen ohne Einwilligung des Dienstherrn weder ein Handelsgewerbe betreiben noch in dem Handelszweig, den der Arbeitgeber betreibt, irgendwelche Geschäfte machen (das besagen die §§ 60 und 76 des Handelsgesetzbuches). Daher braucht hierüber nichts Ausdrückliches in den Vertrag aufgenommen zu werden.

Nach dem Ausscheiden aus einer Firma gibt es grundsätzlich kein Wettbewerbsverbot; es kann aber schriftlich vereinbart werden. Hierfür müssen Sie während der Dauer des Verbots eine Entschädigung erhalten, die mindestens die Hälfte des letzten Jahresgehalts zu betragen hat. (Näheres hierüber enthält das Handelsgesetzbuch, §§ 74 ff.)

Ist über eine Nebentätigkeit im Vertrag nichts gesagt, so ist sie als erlaubt anzusehen, soweit sie Ihre Arbeitsleistung nicht negativ beeinflußt.

Sonstige Leistungen. – Hierzu zählen:

Tantiemen

Gewinnbeteiligung

Sachbezüge (das sogenannte „Deputat")

Übernahme einer werkseigenen Wohnung

Benutzung eines Dienstfahrzeugs

Vergütung für die Verwendung des eigenen Pkw für dienstliche Zwecke

Trennungsentschädigung, wenn Sie eine Zeitlang getrennt von Ihrem Ehegatten leben und arbeiten müssen. Üblicherweise wird sie auf eine bestimmte Zeit beschränkt

Erstattung von Umzugskosten

Reisespesenvergütung für Dienstfahrten

Kostenersatz für die Anfahrt zur Arbeitsstelle

Rückfahrtmöglichkeiten zur getrennt lebenden Familie

Pensionsberechtigung oder sonstige Altersversorgung.

Eine rechtliche Verpflichtung zu solchen Leistungen geht der Arbeitgeber nur ein, wenn sie im Anstellungsvertrag verankert sind. Fehlen also z. B. Gratifikationen, Zuschüsse und sonstige Leistungen im Arbeitsvertrag, so haben Sie keinen Rechtsanspruch darauf, da sie dann nur freiwillig gewährt werden. Allerdings können sie auch in Zusatzvereinbarungen, sofort oder später, festgelegt werden.

Arbeitsvertrag – Gesetz – Tarifvertrag – Betriebsvereinbarung

Wenn der Arbeitsvertrag auch weitgehend frei gestaltet werden kann, so hat er doch seine Grenzen. Regelungen, die ihm übergeordnet sind, können durch ihn nicht außer Kraft gesetzt werden. So ist es z. B. nicht erlaubt, den gesetzlich vorgeschriebenen Mindesturlaub zu unterschreiten oder eine längere Arbeitszeit zu vereinbaren, als in dem für die Branche gültigen Tarifvertrag festgelegt ist. – Nähere Einzelheiten kann auch eine Betriebsvereinbarung regeln, die dann zur unabdingbaren Grundlage des Anstellungsvertrages wird. – Es schadet nie, sich über diese Arbeitsgrundlagen ausführlich zu informieren.

Gesetze: Bürgerliches Gesetzbuch (BGB)[2]
Handelsgesetzbuch (HGB)[3]
Gewerbeordnung (GewO)
Arbeitszeitordnung
Jugendarbeitsschutzgesetz[4]
Schwerbehindertengesetz[5]
Arbeiterkrankheitsgesetz
Arbeitsplatzschutzgesetz
Bundesurlaubsgesetz
Ländergesetze über den Hausarbeitstag.

Tarifverträge: Sie werden zwischen Gewerkschaften und einzelnen Arbeitgebern oder Arbeitgebervereinigungen geschlossen und regeln meist Lohn- und Gehaltsfragen, Arbeitszeit, Urlaub, Kündigung, Arbeitsschutzmaßnahmen. – Sie müssen in der Firma jederzeit eingesehen werden können. Nimmt Ihr Arbeitsvertrag also in bestimmten Punkten auf einen Tarifvertrag Bezug, so muß Ihnen rechtzeitig – vor der Unterschrift – Gelegenheit gegeben werden, den Tarifvertrag zu lesen.

Normalerweise gelten Tarifverträge nur für Arbeitnehmer, die Mitglieder der vertragschließenden Gewerkschaften sind. Werden sie für „allgemeinverbindlich" erklärt, so kommen auch Arbeitnehmer, die keiner Gewerkschaft angehören, in den Genuß seiner Bestimmungen. (Bei Unklarheiten über einzelne Vertragspunkte gibt die betreffende Gewerkschaft ihren Mitgliedern jederzeit Auskunft und erteilt rechtliche Ratschläge.)

---

2 Goldmann JURA, Band 8019.
3 Goldmann JURA, Band 8032.
4 Abgedruckt in: „Jugendgesetze", Goldmann JURA, Band 8014.
5 Schwerbehindertengesetz, Goldmann JURA, Band 8057.

Betriebsvereinbarungen gelten für alle Arbeitnehmer einer Firma. Sie sind zwischen dem Arbeitgeber und dem Betriebsrat abgeschlossen worden. Auch sie müssen Ihnen bekannt sein, wenn auf sie im Arbeitsvertrag hingewiesen wird.

8. Der Rücktritt vom Arbeitsvertrag

Öfter, als Sie vielleicht annehmen, bereut ein Arbeitnehmer die Unterschrift unter einem Arbeitsvertrag, noch ehe er die neue Stelle eingenommen hat. Diese Reue finden wir manchmal auch nach einem positiv verlaufenen Vorstellungsgespräch, wenn der Arbeitsvertrag noch nicht unterzeichnet, aber eine mündliche Zusage gegeben wurde.

Wir haben schon festgestellt, daß eindeutige mündliche Erklärungen bereits ein Arbeitsverhältnis begründen. Sind Sie sich also in Wirklichkeit nicht ganz im klaren, so nehmen Sie Ihre zustimmende Aussage nicht auf die leichte Schulter. Wenn auch die Firma häufig rechtzeitig Ersatz findet, so dürfen Sie sich dennoch nicht darauf verlassen. Kann Ihnen nachgewiesen werden, daß durch Ihre spätere Absage eine andere Arbeitskraft nicht zu dem betreffenden Zeitpunkt gefunden werden konnte, so machen Sie sich möglicherweise schadensersatzpflichtig! Haben Sie einmal zugesagt und erhalten Sie kurz danach ein verlockendes Angebot, so versuchen Sie unter allen Umständen, sich mit dem zunächst vorgesehenen Arbeitgeber zu einigen.

9. Bewerbungskosten bei der Lohn- und Einkommensteuer

Bewerbungsmaßnahmen dienen Ihrem beruflichen Fortkommen; für sie gewährt daher der Staat – da Sie Ihre Arbeitskraft ja auch für ihn einsetzen – steuerliche Vergünstigungen. Steuermindernd *können* in Betracht kommen:

- Aufgabe von Eigeninseraten
- Schreibkosten (Zeugnisabschriften, Bewerbung, Kopien)
- Fahrtkosten (zu einem Gespräch, soweit nicht von der Firma ersetzt)
- Kosten für Lichtbilder
- Kauf von Zeitungen und Zeitschriften, um den Stellenmarkt zu sondieren
- Umzugskosten (soweit nicht schon ersetzt)
- Kosten für Fortbildungsmaßnahmen.

Denken Sie also beim Lohnsteuer-Jahresausgleich oder bei der Einkommensteuererklärung daran, daß diese Angaben unter Umständen Ihre Steuerpflicht beeinflussen, wenn Sie den gesetzlich vorgeschriebenen Pauschbetrag übersteigen. Bewahren Sie hierzu alle Quittungen als Beweisstücke auf![6]

NACHWORT

Lieber Leser,

die Anregungen, die ich Ihnen in diesem Buch zu geben versucht habe, sollten allen dienlich sein – gleichgültig, wo und in welcher Position Sie arbeiten wollen oder müssen. Nun, zum Schluß, wünsche ich Ihnen in der neuen Stelle recht viel Freude und Erfolg, Zufriedenheit mit der Arbeit und nicht zuletzt auch mit der baren Münze!

---

6 Vgl. hierzu über die mit dem Lohnsteuer-Jahresausgleich verbundenen Steuerfragen Roland Lassig „So spart man Lohnsteuer", Goldmann RATGEBER; für die Einkommensteuererklärung: Roland Lassig „So spart man Einkommensteuer", Goldmann RATGEBER. Beide Bände erscheinen alljährlich neu unter jeweils neuer Nummer.

SCHLAGWORT-REGISTER

A

Ablehnung 119
AIDA 58
Allgemeinbildung 24
Altersangabe 32
Anlernberufe 53
Anzeige
– Anzeigenblätter 10, 30
– Anzeigenschluß 42
– Aufmachung 20
– Chiffre-A. 19, 31, 60
– eigene A. 28
– Fremdanzeige 9
– Größe 16, 31, 38
– Klarheit 11, 31
– Kosten 16
– Schlagzeile 35
– Stil 20
– Ton 80
– Unklarheiten 18
– Zuschriften auf eigene A. 41
Arbeitnehmer
– ältere A. 33
Arbeitsamt
– Auskunft über Verdienstmöglichkeiten 71
– Berufsförderung 46
– Mittel für Arbeitslose und Arbeitswillige 47
– Stellenvermittlung 44
Arbeitsförderungsgesetz 47
Arbeitsgebiet 126
Arbeitskollegen 11
Arbeitspapiere 122
Arbeitsproben 95
Arbeitsvermittlung 45
– Landesstellen für Arbeitsvermittlung 46
– Zentralstellen für Arbeitsvermittlung 45
Arbeitsvertrag 124, 129
– Rücktritt vom A. 131
Auftreten 111
Ausbildungsberufe 52
Auskunftsbüro 103

B

Berufsbild 10, 35, 53
Berufsfortbildung 54, 84, 86, 88, 94
Berufswechsel 36, 54, 55, 105
Betriebsvereinbarung 131
Beurteilung
– der eigenen Person 11
Bewerbungsmappe 95
Bewerbungsschreiben
– Anlagenvermerk 62
– Anrede 61
– Anschrift 60
– Betreff 61
– Briefkopf 59
– Einleitung 65
– Form 59
– Grußformel 62
– Inhalt 63
– Papier 59
Beziehungen 51
Branchenkenntnisse 11

E

Eintrittstermin 73, 127
Eignungsprüfungen 116

F

Fähigkeiten
– organisatorische F. 26
Fernschulen 56

G

Gehalt
– angebotenes G. 18
– Anzeigengröße und G. 18
Gehaltswünsche 71
Gesetze 130
Gewerkschaften 54, 56, 71, 102
Großbetriebe 16

H

Handelsregister 102
Handschrift 90, 118
Handwerkskammer 54, 71, 102
Höflichkeit 113

I
Industrieberater 19
Industrie- und Handelskammer 54, 71, 102

K
Kontaktfreude 24
Kosten
– der Vorstellung 125
Kündigung
– Erwähnung im Bewerbungsschreiben 70
– Fristen 30, 73, 120, 128
Kurzbewerbung 97

L
Lehrgänge
– förderungswürdige L. 46
leitende Stelle 25, 31, 51
Lichtbild 91

M
Minderjährige 126
Mitarbeiter
– jüngere M. 22
– erfahrene M. 22

N
Nebentätigkeit 128

O
Ortswechsel 18, 34

P
Personalberater 19
Personalfragebogen 50, 118
Privatschulen 56
Probezeit 128
Protektion 51

R
Referenzen 75, 115

S
Schulbildung 84, 86, 93, 105
Sprachkenntnisse 11, 23, 32
Stellenangebot
– Absage 44
– am Schwarzen Brett 50
Stellenbezeichnung 126
Stellenwechsel
– in der eigenen Firma 49
– Freizeit zum St. 122
– Motivierung 70, 104
Steuern 131
Stilfragen 76

T
Tageszeitungen
– Anzeigenschluß 42
– überregionale T. 9, 17, 30, 38
Tarifverträge 130
Tätigkeitsbereich 27
Tests 117

U
Überstunden 108, 127
Urlaubsanspruch 122, 127

V
Verbesserungsvorschläge 115
Verhandlungsgeschick 24
Vielseitigkeit 53
Volkshochschule 56
Vorgesetzter
– Kompetenz 50
Vorstellungsgespräch
– Gehalt 18
– Unterlagen 109
Vorstellungstermin 74, 101

W
Wettbewerbsverbot 128
Wohnungswechsel 10

Z
Zeugnis 93, 96
– einfaches Z. 123
– qualifiziertes Z. 123
– Zwischenzeugnis 124

Raum für Notizen

Raum für Notizen

Raum für Notizen

Raum für Notizen